NOUVELLE VISION

DE

BABOUC,

OU

LA PERSE COMME ELLE VA.

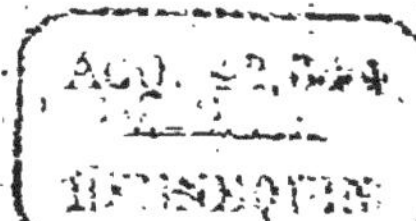

AVANT-PROPOS.

Donner pour Prospectus un fragment de ce petit Ouvrage, c'est déterminer tout le monde à souscrire. Au reste, cette vision n'en est point une. C'est un tableau rapide, une critique ingénieuse de tout ce qui est arrivé en Perse dans l'espace de sept années. Les Jacobins, qui sont les Faquirs de ce pays-là, sont écrasés à ne pouvoir se relever. Babouc

parcourt toutes les classes, visite les monumens brisés par l'Omarisme (1), se rend aux
promenades, aux spectacles, assiste à un enterrement, à une fête publique, va au sénat
écouter leur séance, soupe avec quelques bons
sénateurs, se trouve dans une maison où
dînent les mauvais, et ne quitte la Perse que
lorqu'il a absolument tout vu, tout observé.
Il ne faut jamais laisser les esprits en suspens. Persépolis ne sera point détruite par
l'Ange Ituriel. On voit par-là combien l'Auteur est vraiment patriote ! Son ouvrage est
rempli de morale ; le vice y est poursuivi,
sous quelque forme qu'il ose se cacher. On
y dit la vérité avec un courage tout-à-fait
Scythe ; et il le faut bien, puisque Babouc
est de la Scythie. Quelques savans, quelques
hommes-de-lettres, à qui l'on a communiqué
la Vision, assurent qu'elle doit se répandre
comme un torrent ; qu'elle vaut souvent celle
de Voltaire, et qu'elle passera à la postérité
comme une peinture fidelle des mœurs persannes
du dix-huitième siècle, où l'on aurait dû être
beaucoup moins barbare. L'Auteur, qui est

---

(1) Même chose que le vandalisme. Ce mot vient
du Calife Omar, le plus fameux Faquir, ou Jacobin
de son siècle.

un bon rentier, avoue, lui, qu'il n'a écrit que pour ses contemporains, les corriger, si faire se peut, et gagner du numéraire ; chose qui n'est point à négliger pour un rentier.

En conséquence, il invite, principalement tous les libraires des départemens à prendre sa Vision ; et il peut cautionner d'avance qu'ils ne seront pas embarrassés du débit, quand chacun d'eux aurait souscrit pour un mille.

Cet ouvrage formera une brochure in-8.º d'environ cent vingt pages, même caractère, et même papier ; il paraîtra dans le courant de Vendémiaire prochain, délai nécessaire pour donner aux départemens le tems d'écrire.

Les bons journaux sont priés de l'annoncer le plus promptement possible.

Le prix de la souscription est de 2 livres.

On souscrit chez l'Auteur, (depuis huit heures du matin jusqu'à midi seulement) rue du Bouloi, n.º 56, à l'entresol ; et l'on y trouvera ce Fragment ou Prospectus, dont le prix est de 5 sous.

Nota. Il ne tiendra qu'au public d'avoir encore un journal, sous le titre du *Journal de Babouc* ; mais il faut attendre pour cela que la Vision ait paru.

NOUVELLE VISION
DE BABOUC,

OU

LA PERSE COMME ELLE VA.

————————

FRAGMENT.

Or Ituriel, fatigué de toutes les dénonciations qui lui arrivaient chaque jour contre le beau pays qu'on nomme Perse, fit assembler le conseil des Génies qui président en Asie, ensuite envoya sur le rivage de l'Oxus, chercher le Scythe Babouc, dont il s'était déja servi pour la même mission, et il lui dit, sans le tutoyer (1) : La prophétie d'un ex-mage doit à la fin s'accomplir. Retournez à Persépolis. En attendant que votre rapport soit fait, vous m'informerez toujours par des *hiéroglyphigraphes* (2), que je vais faire poser de ciel en ciel,

—————————

(1) Le voyageur étonné se demandera, un jour sur les bords de l'Araxe, où fut Persépolis.

(2) Il est probable que ce sont les télégraphes de la Perse.

(6)

si ce qu'on dit des Persans et des abominations qu'ils commettent, est vrai ; car alors je jure, par ma qualité d'Ange du premier ordre, et par le département de la Haute-Asie qui m'est confié, de m'adresser moi-même au grand Orosmade, pour le conjurer d'exterminer ce peuple barbare, qu'il a peut-être trop épargné jusqu'ici. Le Conseil, ajouta l'Ange, vous répond de la sureté de votre personne. Vous aurez encore le don d'inspirer la confiance, ainsi ne craignez rien : observez tant qu'il vous plaira, et quand vous aurez prononcé ; nous prononcerons.

Babouc se prosterna trois fois la face contre terre, et voulut répondre ; mais le Conseil avait disparu, et le Scythe se retrouva dans sa maison. Il résolut d'obéir sans différer : il partit donc ; mais avec l'intention dans le fond de son ame de sauver encore une fois, s'il étoit possible, une ville pour laquelle avait déja (1) plaidé si adroitement.

Ses préparatifs ne furent pas longs. Il se munit de quelques diamans, mit dans sa poche plusieurs centaines de roupies doubles, avec un petit nombre de dariques d'or, et s'arma d'un

______

.. (1.) Voyez Vision de Babouc ou le Monde comme il va, par Voltaire.

bâton qu'Ituriel venait de lui envoyer pour
lui servir à-la-fois d'appui et de *hiéroglyphigraphe*. Il ne voulut monter ni sur son chameau , ni sur une jument qu'on lui offrait ,
pas même sur un âne : il voulut , ce jour-là ,
marcher à pied , selon la coutume des vrais
Sages qui voyagent. Quand on est envoyé par
un Génie du département de la Haute-Asie , et
que l'on veut une seconde fois sauver un pays ,
on doit aller humblement , modestement ; et ne
pas se faire traîner en poste dans une bonne
berline , comme un *satrape* qui s'en irait porter
la terreur dans une ville , ou qui se rendrait
auprès d'une armée pour la faire mettre en
déroute.

Cependant il marchait , et cherchait dans sa
tête quels nouveaux excès Ituriel pouvait
reprocher aux habitans des bords de l'Araxe.
Ce n'est pas qu'il voulût excuser les Persépoliens , à Dieu ne plaise ! Il avait trop vécu
parmi eux ; mais il avait toujours été persuadé
que leurs vices tenaient beaucoup plus à la
légèreté de leur caractère , qu'à la méchanceté
réelle de leur cœur ; et il avait dit souvent que
si le Gouvernement avait un jour la force , ou
plutôt l'esprit de réformer lui-même ses principaux abus , on ferait des Persans le peuple
le plus aimable et le plus intéressant peut-être

de la terre : du moins c'était le sentiment du Scythe Babouc.

Avant de pénétrer dans la plaine de Sennáar (car il avait pris la même route qu'autrefois). Il vit l'Horison bordé d'un long cordon de troupes qui ne finissait pas. Il en conclut que les Persans étaient incorrigibles , et qu'ils avaient juré constamment de se faire égorger tous jusqu'au dernier.

Il demanda (comme il avait fait la première fois) à un des soldats qu'il rencontra, pourquoi on se battait. Le soldat lui répondit que c'était pour la *Liberté* et *l'Égalité* , et que les Persans avaient actuellement quatorze armées en campagne. Babouc voulut faire d'autres questions , mais on lui tourna le dos. Un instant après le soldat revint sur ses pas avec une cocarde , pour l'attacher lui-même au turban du voyageur , en répétant toujours que c'était pour la liberté et l'égalité, et en chantant, *Qu'un sang impur imbibe nos guérets.... C'est nous qu'on ose méditer de rendre à l'antique ,* etc.

Cela n'est pas Persan, répondit Babouc. On ne dit pas méditer quelqu'un. Au reste, n'ayant pu tirer autre chose du soldat, il lui fit, selon sa louable coutume, un petit présent, tant pour l'encourager à se bien battre, que pour lui payer ce qu'il venait d'attacher au turban.

Comme il traversait le camp pour parler à quelque officier, il rencontra plusieurs femmes qui portaient aussi la cocarde, et d'autres qu'on arrêtait, parce qu'elles n'en avaient pas. Est-ce que les Sultanes sont obligées, dit-il, de combattre pour la *Liberté* et *l'Égalité*? Mais qu'est-ce que la liberté et l'égalité?

Il entra dans la tente d'un officier, lequel était à boire du rack, et à manger du kaïmack avec des filles et des soldats. Tous se tutoyaient, et en agissaient très-familièrement. *Seigneur*, dit Babouc... Point de seigneurs ici, reprit l'Officier, nous n'avons que des *habitans* (1): Parle, camarade, que veux-tu? es-tu *Faquir* (2)? as-tu ta carte et ton diplôme?

Je ne suis point Anachorette, répondit Babouc, et vous voyez à mon habit que je n'ai pas l'air d'un Faquir. Eh bien, répliqua l'Officier, puisque tu n'es pas Faquir, et que tu n'as pas ta carte et ton diplôme, tu ne peux pas nous entendre, tu ne peux pas nous comprendre; laisse-nous boire.

---

(1) Mot substitué en Perse à celui de seigneur, par l'égalité, et dont la liberté force de se servir, si l'on ne veut pas avoir la tête coupée. On sait que les Persans sont très-barbares.

(2) Moines qui approchaient beaucoup de nos moines jacobins.

Babouc fut très-étonné de cette malhon-
nêteté, sur-tout de la part d'un officier persan;
mais il crut que l'officier était ivre, et il se
retira en disant que le grand Sophi de Perse
aurait pu choisir un homme moins grossier,
qui aurait eu moins de filles dans sa tente,
et qui aurait su maintenir un peu mieux la
subordination. Cependant il réfléchit que, pour
se bien battre, il ne fallait que de l'expérience,
du courage, et que cet officier pouvait réunir
en lui les qualités militaires. Sous ce rapport,
il loua le grand Sophi d'avoir ouvert les yeux,
et de ce qu'il voulait bien aujourd'hui placer
le mérite, sans regarder à la naissance.

. . . .

. . . .

A la pointe du jour, Babouc fut curieux de
voir comment on se battrait, et si réellement
on aurait l'imprudence et la folie d'attaquer
les trois redoutes qu'on voulait prendre. L'ennemi, retranché jusqu'aux dents, était en état,
par sa position seule et son artillerie fou-
droyante, de faire face aux quatorze armées,
en supposant qu'elles se fussent exprès réunies
pour le débusquer. La victoire étoit tout-à-fait
inutile; car elle n'offrait que la perte assurée de
vingt-cinq mille hommes, et le stérile honneur
de prendre seulement trois postes. N'importe,

on attaqua : il vit les Persans se précipiter avec une valeur et une rage incroyables, se faire hâcher, mitrailler, se jetter sur les canons, et s'emparer des trois redoutes; tandis que l'ennemi, avec un sourire perfide, s'applaudissait de son heureuse défaite ! Quel Génie infernal, s'écria Babouc, peut donc, à pure perte, faire sacrifier tant de braves soldats ? Si, pour la liberté, les Persans, à chaque combat, perdent vingt-cinq mille hommes, on peut répondre bientôt de leur esclavage. Au reste, il fut surpris de n'appercevoir aucun Mage, aucun Derviche, pour donner la bénédiction avant le combat, et de ce que le petit nombre qui, par miracle, venait d'échapper, ne songeàt seulement pas à remercier Orosmade d'une faveur si singulière ; car tous auraient dû périr dans cette attaque, sans qu'il en restât un seul.

Il s'éloigna au plus vîte de ce théatre d'horreurs. Un instant après il apperçut, à une portée de fusil, tout au plus, une grande quantité de Recrues, qu'il jugea devoir être la plus brillante jeunesse du pays. Ces infortunés avaient l'air d'écoliers, et de quitter à regret leurs jeux et leurs familles. *Encore une nouvelle levée*, criait un Caporal en passant auprès d'un Sergent. . . . . *— On les mène à la boucherie*. . . . *La génération présente et future*

(12)

est perdue sans ressource ! Babouc ne savait plus que dire, et commençait presque à se repentir d'avoir autrefois appaisé la colère d'Ituriel.

A une demi-Stade, ou Parasange, de la ville, et presque sous les murs, il découvrit un camp formidable. Persépolis, dit-il, est assiégée, la guerre civile vient d'éclater; il ne leur manque plus sans doute que la famine ou la peste : C'est singulier comme tout conspire depuis long-temps pour la destruction de cette malheureuse Cité !

En réfléchissant ainsi, il prit le côté le plus riant de la ville, afin de laisser sur la droite certaine entrée (1), qui, malgré son antiquité, n'avait pas commencé par donner autrefois à Babouc une merveilleuse idée de Persépolis. Au bout d'un très-joli pont, nouveau pour lui, il reconnut la superbe place, où le Sophi, bien-aimé, fixait jadis l'admiration de tous les connaisseurs. Quelle fut la surprise de Babouc d'appercevoir une femme gigantesque, à l'air maussade et rébarbatif, qu'il prit pour une des Gorgones ! Des taches de sang, comme on sait, sont répandues sur le pavé qui conduit au pied-d'estal de cette furie. Une espèce de

____

(1) Voyez la vision de Voltaire.

charette , surmontée de deux poteaux , peu
écartés , offrait tout en haut un fer large et
tranchant prêt à tomber en sens vertical. Cette
charrette était arrêtée.... Babouc pâlit ! le
silence horrible qui règne dans cette place
l'épouvanta , et il crut entendre la voix plaintive et gémissante d'une foule de mânes qui
lui demandaient la destruction de Persépolis.

Quelques mines patibulaires , à grands pantalons avec des cheveux noirs et plats, lui
dirent que cette place se nommait actuellement la place du Chaos , qu'on y avait coupé
la tête du grand Sophi , celle de la Sultane-
épouse , de la sœur du monarque , des principaux Satrapes de sa Cour : en un mot jusqu'à soixante-dix têtes par jour , afin d'avoir
plus de pain à donner au peuple ; qu'en ouvrant les yeux , il verrait devant lui la machine
toujours prête à faire l'office ; que tous les
riches étaient des magicrates (1), tous les marchands des fripons , les deux tiers de la nation
des contre-tortionnaires (2) , c'est-à-dire , des

---

(1) Magicrate , en Perse , veut dire aristocrate. C'est
le mot technique de ce pays-là.

(2) Probablement des contre-révolutionnaires. Il y a
des mots dans la langue Persanne qui demandent qu'on
les devine.

Sophialistes (1), et qu'il n'y avait que les Faquirs seuls en état de gouverner la chose publique. Ils dirent à Babouc qu'il avait la figure d'un *Schoën* (2), (mot très-injurieux dans la langue persanne), et qu'ils parieraient tout au monde qu'il n'avait pas de *carte d'habitant*; que pour eux ils étaient canaillocrates pour la vie, et que si c'était aussi bien avant le 9 *Brûlant*, ils le traîneraient à la maison de Sureté - générale, et le feraient mettre tout de suite *sur le pot*, pour passer avec la première *fournée*; attendu qu'ils étaient membres du comité-tortionnaire du *Bonnet-Rouge*, jurés au grand tribunal-tortionnaire, frères et camarades du fameux accusateur *Tinvillès*, liés étroitement avec les *Carrierès*, les *Collotès*, et le bras droit du divin *Maratès* et de l'incorruptible *Robespierrès*; qu'il n'avait pas besoin de les regarder, qu'ils avaient fait leurs preuves à la Glacière, dans les prisons, que c'était eux qui avaient trempé leurs drapeaux dans le sang du *tyran*, et qu'ils n'avaient pas encore été tout-à-fait inutiles dans la dernière affaire du 13; quoique cette affaire-là dût être regardée

---

(1) Les partisans du Sophi, ce qu'on appellerait en France, avec raison, les infames royalistes.

(2) Mot Égyptien qui signifie prêtre.

comme une bagatelle ; mais que depuis ils avaient été occupés à chauffer le Midi , et qu'ils venaient d'accourir à Persépolis dans l'espoir de donner un petit coup-de-main ; qu'ils se nommaient Astharoth-Brutus , Caïn-Gracchus , Belphégor - Torquatus , etc. et mille autres noms qui n'avaient pas le sens commun! puis ils passèrent leur chemin.

Babouc crut d'abord qu'ils étaient fous. Mais le conseil de l'Ange Ituriel exprès assemblé ; le long cordon de troupes ; le combat ; cette nouvelle levée de la plus brillante jeunesse du pays ; ce camp formidable à une demi-Stade, ou Parasange de la ville ; la statue équestre de bronze enlevée ; le pavé imprégné de sang , et tous ces janissaires , qu'il apper-cevait campés jusques dans le jardin du magnifique palais ; tout cela lui fit voir qu'il s'était passé des choses extraordinaires , et qu'Ituriel avait raison. etc. etc. etc.

De l'Imprimerie de BABOUC.

NOUVELLE VISION

DE BABOUC,

OU

LA PERSE COMME ELLE VA.

Ciel ! à quels plats tyrans as-tu livré ce monde !
FREDERIC , Roi de Prusse.

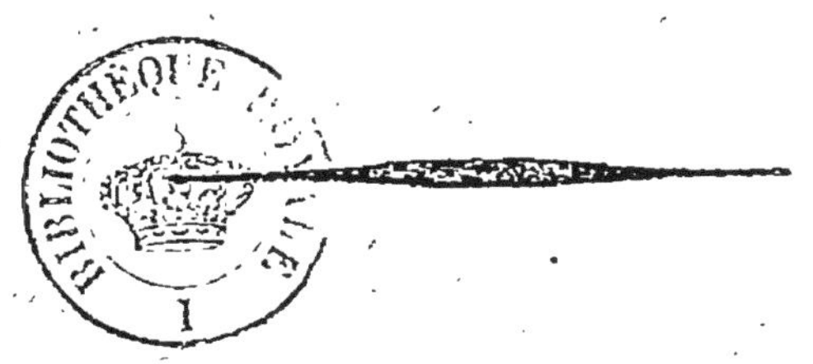

SUR LE RIVAGE DE L'OXUS,

De l'Imprimerie de BABOUC,

ET SE TROUVE A PARIS,

Chez l'AUTEUR, quai de l'École, n.º 2, près
le Louvre ;

DESENNE,
MARET, } au jardin Égalité ;

Et tous les Marchands de Nouveautés.

1796.

PRÉFACE.

LA nouvelle Vision de Babouc n'est point une vision. C'est un tableau rapide, une critique de tout ce qui est arrivé autrefois en Perse dans l'espace de sept années. Les *Faquirs*, qui sont les Jacobins de ce pays-là, sont écrasés à ne plus se relever : on ne croirait jamais combien le peuple persan a été long-temps dupe de cette horrible faction !

Babouc parcourt toutes les classes, visite les monumens brisés par l'*Omarisme* (*), se rend aux promenades, aux spectacles, assiste à un enterrement, à une fête publique presque aussi lugubre, va à l'assemblée persépolienne,

---

(*) Même chose que le Vandalisme. Ce mot vient du Calife Omar, le plus fameux Faquir ou Jacobin de son siècle.

soupe avec quelques bons *Émirs*, se trouve dans une maison où conspirent les mauvais, et ne quitte la Perse que lorsqu'il a tout vu, tout observé.

Il est inutile d'expliquer au lecteur que cet ouvrage républicain est tiré du joli conte philosophique de Voltaire, intitulé : *Vision de Babouc, ou le Monde comme il va*; et que Babouc fut envoyé alors par l'ange Ituriel chargé du département de la Haute-Asie, pour s'assurer de tous les excès qui se commettaient à Persépolis, afin qu'on pût châtier comme il faut cette ancienne capitale de la Perse ou des Perses, s'il y avait lieu à accusation : Tout le monde a lu Voltaire, et tout le monde connaît Babouc, dont le sujet est pris de l'anglais ; mais ces petits détails auraient pu quelquefois s'échapper de la mémoire, et l'on sent qu'ils sont absolument néeessaires pour l'intelligence de cette brochure.

Au reste, on ne doit jamais laisser les esprits en suspens : Persépolis ne sera point détruite par l'ange Ituriel. On voit par-là combien l'auteur est vraiment patriote ! Son ouvrage est rempli de morale et de civisme ; le vice y est poursuivi, sous quelque forme qu'il ose se cacher : on y dit la vérité avec un courage tout-à-fait scythe ; et il le faut bien, puisque Babouc est de la Scythie.

Quelques savans, quelques hommes-de-lettres, à qui l'on a communiqué la Vision, assurent qu'elle doit se répandre comme un torrent, et qu'elle passera à la postérité comme une esquisse fidelle des mœurs persannes de la fin du dix-huitième siècle, où l'on aurait dû être beaucoup moins barbare.

L'Auteur, qui est un bon rentier, avoue modestement qu'il n'a écrit que pour ses contemporains, leur offrir l'exemple terrible des Persans, et consolider en-même tems, s'il est possible, notre glorieuse révolution, sans laquelle nous aurions toujours été esclaves.

On espère que cette Vision sera lue avec empressement par tous les honnêtes gens; et que le grand *juri*, qui est plein de justice et de bon sens naturel, ne s'amusera point (quand on voudrait lui faire prendre la mouche,) à chercher ici aucun vain parallèle entre Persépolis et Paris, la Perse et la France, les émirs et nos *augustes* représentans, l'assemblée persépolienne et la convention nationale, la chose publique persanne et la république française, les magicrates et les aristocrates, les sophialistes et les royalistes, les disparus et les émigrés, les biens émiriaux et les biens nationaux, le gouvernement tortionnaire et l'affreux gouvernement révolutionnaire, &c. &c. &c; et qu'il

chassera ignominieusement le premier
Jacobin qui viendrait lui dénoncer
Babouc, ou, pour mieux dire, toute
la Perse ; contre laquelle il serait aussi
ridicule de lancer un mandat d'arrêt,
que si le citoyen Camus, dispensateur
et non pas dissipateur de nos finances,
voulait la forcer à recevoir chez elle
des mandats et des assignats qui n'auraient plus de cours.

En effet, en raisonnant sensément,
quel rapport pourrait-il exister avec ce
qui s'est passé jadis sur les bords de
l'Araxe, et ce qui se passe sur les rives
de la Seine ? Avoir la rage de trouver
par-tout des allusions, où il n'y en a
pas, c'est le propre des méchans, des
fripons et des sots.

AVERTISSEMENT.

JE poursuivrai, selon la rigueur des loix, quiconque s'avisera de faire quelque édition furtive de ma Vision; et j'invite tous mes concitoyens de Paris et des départemens à ne recevoir aucun exemplaire de cet ouvrage, qu'il ne soit signé de ma main.

NOUVELLE VISION
DE BABOUC,

OU

LA PERSE COMME ELLE VA.

O R Ituriel , fatigué de toutes les dénonciations qui lui arrivaient chaque jour contre
de beau pays qu'on nomme Perse , fit assembler
le conseil des Génies qui président en Asie,
ensuite envoya sur le rivage de l'Oxus , chercher le Scythe Babouc, dont il s'était déja servi
pour la même mission , et il lui dit, sans le
tutoyer : La prophétie (1) d'un ex-mage doit à
la fin s'accomplir. Retournez à Persépolis. En
attendant que votre rapport soit fait , vous
m'informerez toujours par des *hiéroglyphigra-*
phes (2), que je vais faire poser de ciel en ciel,

____

(1) Le voyageur étonné se demandera un jour , sur
les bords de l'Araxe, où fut Persépolis.

(2) Il est probable que ce sont les télégraphes de la
Perse.

si ce qu'on dit des Persans et des abominations qu'ils commettent, est vrai ; car alors je jure, par ma qualité d'Ange du premier ordre, et par le département de la Haute-Asie qui m'est confié, de m'adresser moi-même au grand Orosmade, pour le conjurer d'exterminer ce peuple barbare, qu'il a peut-être trop épargné jusqu'ici. Le Conseil, ajouta l'Ange, vous répond de la sureté de votre personne. Vous aurez encore le don d'inspirer la confiance, ainsi ne craignez rien : observez tant qu'il vous plaira, et quand vous aurez prononcé, nous prononcerons.

Babouc se prosterna trois fois la face contre terre, et voulut répondre ; mais le Conseil avait disparu, et le Scythe se retrouva dans sa maison. Il résolut d'obéir sans différer : il partit donc ; mais avec l'intention dans le fond de son ame de sauver encore une fois, s'il était possible, une ville pour laquelle il avait déja plaidé si adroitement (1).

Ses préparatifs ne furent pas longs. Il se munit de quelques diamans, mit dans sa poche plusieurs centaines de roupies doubles, avec un petit nombre de dariques d'or, et s'arma d'un

____

(1) Voyez Vision de Babouc ou le Monde comme il va, par Voltaire.

bâton qu'Ituriel venait de lui envoyer pour lui servir à-la-fois d'appui et de *hiéroglyphi-graphe*. Il ne voulut monter ni sur son chameau, ni sur une jument qu'on lui offrait, pas même sur un âne : il voulut, ce jour-là, marcher à pied, selon la coutume des vrais Sages qui voyagent. Quand on est envoyé par un Génie du département de la Haute-Asie, et que l'on veut une seconde fois sauver un pays, on doit aller humblement, modestement, et ne pas se faire traîner en poste dans une bonne berline, comme un *Satrape* qui s'en irait porter la terreur dans une ville, ou qui se rendrait auprès d'une armée pour la faire mettre en déroute.

Cependant il marchait, et cherchait dans sa tête quels nouveaux excès Ituriel pouvait reprocher aux habitans des bords de l'Araxe. Ce n'est pas qu'il voulût excuser les Persépoliens, à Dieu ne plaise ! Il avait trop vécu parmi eux ; mais il avait toujours été persuadé que leurs vices tenaient beaucoup plus à la légèreté de leur caractère, qu'à la méchanceté réelle de leur cœur; et il avait dit souvent que si le Gouvernement avait un jour la force, ou plutôt l'esprit de réformer lui-même ses principaux abus, on ferait des Persans le peuple le plus aimable et le plus intéressant peut-être de la terre : du moins c'était le sentiment du Scythe Babouc.

Avant de pénétrer dans la plaine de Sennaar (car il avait pris la même route qu'autrefois). Il vit l'Horison bordé d'un long cordon de troupes qui ne finissait pas. Il en conclut que les Persans étaient incorrigibles , et qu'ils avaient constamment juré de se faire égorger tous jusqu'au dernier.

Il demanda (comme il avait fait la première fois) à un des soldats qu'il rencontra, pourquoi on se battait. Le soldat lui répondit que c'était pour la *Liberté* et *l'Égalité*, et que les Persans avaient actuellement quatorze armées en campagne. Babouc voulut faire d'autres questions , mais on lui tourna le dos. Un instant après le soldat revint sur ses pas avec une cocarde, pour l'attacher lui-même au turban du voyageur , en répétant toujours que c'était pour la liberté et l'égalité, et en chantant, *Qu'un sang impur imbibe nos guérets.... C'est nous qu'on ose méditer de rendre à l'antique* , etc.

Cela n'est pas Persan , répondit Babouc : on ne dit pas méditer quelqu'un. Au reste, n'ayant pu tirer autre chose du soldat, il lui fit, selon sa louable coutume, un petit présent, tant pour l'encourager à se bien battre , que pour lui payer ce qu'il venait d'attacher au turban.

Comme il traversait le camp pour parler à quelque officier, il rencontra plusieurs femmes qui portaient aussi la cocarde , et d'autres qu'on arrêtait, parce qu'elles n'en avaient pas. Est-ce que les Sultanes, dit-il , sont obligées de combattre pour la *Liberté* et *l'Égalité*? Mais qu'est-ce que la liberté et l'égalité ?

Il entra dans la tente d'un officier , lequel était à boire du rack , ou manger du kaïmack avec des filles et des soldats. Tous se tutoyaient , et en agissaient très-familièrement. *Seigneur ,* dit Babouc.... Point de seigneurs ici , reprit l'Officier, nous n'avons que des *habitans* (1) : Parle , camarade , que veux-tu ? es-tu *Faquir*? as-tu ta carte et ton diplôme ?

Je ne suis point Anachorete , répondit Babouc, et vous voyez à mon habit que je n'ai pas l'air d'un Faquir. Eh bien , répliqua l'Officier, puisque tu n'es pas Faquir , et que tu n'as pas ta carte et ton diplôme , tu ne peux pas nous entendre , tu ne peux pas nous comprendre ; laisse-nous boire.

Babouc fut très-étonné de cette malhon-

---

(1) Les Persans avaient supprimé le mot de Seigneur , pour prendre celui d'Habitant , comme nous avons supprimé Monsieur et Madame , pour dire Citoyen , Citoyenne.

nêteté, sur-tout de la part d'un officier persan;
mais il crut que l'officier était ivre, et il se
retira en disant que le grand Sophi de Perse
aurait pu choisir un homme moins grossier,
qui aurait eu moins de filles dans sa tente,
et qui aurait su maintenir un peu mieux la
subordination. Cependant il réfléchit que, pour
se bien battre, il ne fallait que de l'expérience,
du courage, et que cet officier pouvait réunir
en lui les qualités militaires. Sous ce rapport,
il loua le grand Sophi d'avoir ouvert les yeux,
et de ce qu'il voulait bien aujourd'hui placer
le mérite, sans regarder à la naissance.

* *

* *

* *

A la pointe du jour, Babouc fut curieux de
voir comment on se battrait, et si réellement
on aurait l'imprudence et la folie d'attaquer
les trois redoutes qu'on voulait prendre. L'ennemi, retranché jusqu'aux dents, était en état,
par sa position seule et son artillerie fou-
droyante, de faire face aux quatorze armées,
en supposant qu'elles se fussent exprès réunies
pour le débusquer. La victoire était tout-à-fait
inutile; car elle n'offrait que la perte assurée de
vingt-cinq mille hommes, et le stérile honneur
de prendre seulement trois postes. N'importe,

on attaqua : il vit les Persans se précipiter avec une valeur et une rage incroyables , se faire hâcher , mitrailler , se jetter sur les canons , et s'emparer des trois redoutes; tandis que l'ennemi , avec un sourire perfide , s'applaudissait de son heureuse défaite ! Quel Génie infernal , s'écria Babouc , peut donc , à pure perte , faire sacrifier tant de braves soldats ? Si , pour la liberté , les Persans , à chaque combat , perdent vingt-cinq mille hommes , on peut répondre bientôt de leur esclavage. Au reste , il fut surpris de n'appercevoir aucun Mage , aucun Derviche , pour donner la bénédiction avant le combat , et de ce que le petit nombre qui , par miracle , venait d'échapper , ne songeât seulement pas à remercier Orosmade d'une faveur si singulière ; car tous auraient dû périr dans cette attaque , sans qu'il en restât un seul.

Il s'éloigna au plus vîte de ce théatre d'horreurs. Un instant après il apperçut , à une portée dé fusil , tout au plus , une grande quantité de Recrues , qu'il jugea devoir être la plus brillante jeunesse du pays. Ces infortunés avaient l'air d'écoliers , et de quitter à regret leurs jeux et leurs familles. *Encore une nouvelle levée* , criait un Caporal en passant auprès d'un Sergent. . . . . *On les mène à la boucherie*. . . . *La génération présente et future est perdue sans ressource !* Babouc ne savait plus que dire , et commençait presque à se repentir d'avoir autrefois appaisé la colère d'Ituriel.

A une demi-Stade, ou Parasange, de la ville, et presque sous les murs, il découvrit un camp formidable. Persépolis , dit-il , est assiégée , la guerre civile vient d'éclater ; il ne leur manque plus sans doute que la famine ou la peste : C'est singulier comme tout conspire depuis long-temps pour la destruction de cette malheureuse Cité !

En réfléchissant ainsi , il prit le côté le plus riant de la ville , afin de laisser sur la droite certaine entrée (1), qui, malgré son antiquité , n'avait pas commencé par donner à Babouc, lors de son premier voyage, une merveilleuse idée de Persépolis. Au bout d'un très-joli pont, nouveau pour lui, il reconnut la superbe place, où le Sophi, bien-aimé, fixait jadis l'admiration de tous les connaisseurs. Quelle fut la surprise de Babouc d'appercevoir une femme gigantesque , à l'air maussade et rébarbatif, qu'il prit pour une des Gorgones ! Des taches de sang, comme on sait , sont répandues sur le pavé qui conduit au pied-d'estal de cette furie. Une espèce de

____

(1) Voyez la vision de Voltaire.

charette , surmontée de deux poteaux , peu écartés , offrait tout en haut un fer large et tranchant prêt à tomber en sens vertical. Cette charrette était arrêtée. . . . Babouc pâlit ! le silence horrible qui régnait dans cette place l'épouvanta , et il crut entendre la voix plaintive et gémissante d'une foule de mânes qui lui demandaient la destruction de Persépolis.

Quelques mines patibulaires , à grands pantalons avec des cheveux noirs et plats , lui dirent que cette place se nommait actuellement la place du Chaos , qu'on y avait coupé la tête du grand Sophi , celle de la Sultane-épouse , de la sœur du monarque , des principaux Satrapes de sa Cour : en un mot jusqu'à soixante-dix têtes par jour , afin d'avoir plus de pain à donner au peuple ; qu'en ouvrant les yeux , il verrait devant lui la machine toujours prête à faire l'office ; . . . que tous les riches étaient des *magicrates* (1), tous les marchands des fripons , les deux tiers de la nation des *contre-tortionnaires* (2) , c'est-à-dire , des

---

(1) Magicrate , en Perse , veut dire aristocrate. C'est le mot technique de ce pays-là.

(2) Probablement des contre-révolutionnaires. Il y a des mots dans la langue Persanne qui demandent qu'on les devine.

Sophialistes (1), et qu'il n'y avait que les Faquirs seuls en état de gouverner *la chose publique*. Ils dirent à Babouc qu'il avait la figure d'un *Choens* (2) , (mot très-injurieux dans la langue persanne), et qu'ils parieraient tout au monde qu'il n'avait pas de *carte d'habitant* ; que pour eux ils étaient *canaillocrates* pour la vie ; et que si c'était aussi bien avant le 9 *Brûlant*, ils le traîneraient à la maison de Sûreté - générale, et le feraient mettre tout de suite *sur le pot*, pour passer avec la première *fournée* ; attendu qu'ils étaient membres du comité-tortionnaire du *Bonnet-Rouge*, jurés au grand tribunal-tortionnaire, frères et camarades du fameux accusateur *Tinvillès*, liés étroitement avec les *Carrierès*, les *Collotès*, et le bras droit du divin *Maratès* et de l'incorruptible *Robespierrès* ; qu'il n'avait pas besoin de les regarder, qu'ils avaient fait leurs preuves à la Glacière, dans les prisons, que c'était eux qui avaient trempé leurs drapeaux dans le sang du *tyran*, et qu'ils n'avaient pas encore été tout-à-fait inutiles dans la dernière affaire du 13 ; quoique cette affaire-là dût être regardée

______

(1) Les partisans du Sophi, ce qu'on appellerait en France, avec raison, les infames royalistes.

(2) Mot Egyptien qui signifie prêtre.

comme une bagatelle ; mais que depuis ils avaient été occupés à chauffer le Midi , et qu'ils venaient d'accourir à Persépolis dans l'espoir de donner un petit coup-de-main ; qu'ils se nommaient Astharoth-Brutus , Caïn-Gracchus , Belphégor - Torquatus , etc. et mille autres noms qui n'avaient pas le sens commun: puis ils passèrent leur chemin.

Babouc crut d'abord qu'ils étaient fous. Mais le conseil de l'Ange Ituriel exprès assemblé ; la statue équestre de bronze enlevée ; le pavé imprégné de sang, et tous ces janissaires, qu'il appercevait campés jusques dans le jardin du magnifique palais ; tout cela lui fit voir qu'il s'était passé des choses extraordinaires, et qu'Ituriel avait raison.

Ces gens-là sont fous, dit-il à un respectable vieillard qui avait l'air de revenir de la promenade , et qui s'était arrêté pour écouter Brutus et Torquatus , il n'est pas possible que de pareilles horreurs aient été commises ; mais pourquoi cette statue ?

O trop heureux, trop fortuné mortel ! s'écria le Vieillard, la révolution persanne ne vous est pas encore connue ! J'avoue, répondit Babouc, que j'arrive à l'instant de la Scythie: il y a bien une trentaine d'années que pour la première fois je vins faire quelques observations dans votre

(20)

pays , où tout allait assez mal.... C'était l'âge
d'or alors , répliqua le Vieillard ! actuellement
c'est l'abomination de la désolation prédite par
le Mage *Mauriès* : fuyez , fuyez Persépolis et
toute la Perse. Ceux qui vous ont apostrophé ,
sont des scélérats , des hommes *du* 31 *des Fleurs;*
sans *le 9 Brûlant* , nous étions tous égorgés.

Ici , oui, sur cette place , sous le tranchant
de cette infame machine , a péri aux yeux de
cent mille Persans armés , le plus malheureux
des Sophis ! Pour l'empêcher de dire adieu à
son peuple , à ses sujets , tous les tambours ont
battu. Les Tartares, il y a cent ans , laissèrent
du moins parler leur Kan : lui seul eut le droit
de donner le signal à l'exécuteur pour agir ;
mais il était réservé sans doute aux Persans de
l'emporter sur les Tartares ; et tous les ans ,
nous célébrerons (jusqu'à la fin des siècles) cette
belle action , sans laquelle la liberté, dit-on ,
n'aurait jamais pu exister.

Vous me faites frémir avec votre liberté ,
répondit Babouc, et je vois que vous n'êtes tous
que des esclaves. O crime ! ô honte pour les
Persans d'avoir imité et surpassé les Tartares !
Ses cheveux se dressèrent , il ne put retenir ses
larmes ; et dans son indignation , s'il eût été
possible de placer son *hiéroglyphigraphe* sur le
sommet de la statue , il n'y a point de doute

que Persépolis eût été détruite en un clin-d'œil.

Enfermée pendant plus d'un an dans la Tour (reprit le Vieillard) avec son fils encore enfant, sa fille à-peine nubile, et sa belle-sœur qui était à la fleur de son âge ; privée de les voir ; manquant, ainsi qu'eux, des choses les plus essentielles à la vie ; transférée de la Tour dans la dernière prison où vont les criminels ; couverte de vermine, traduite au tribunal tortionnaire de *Tinvillès*, de *Robespierrès* et de tous les scélérats qui vous ont été nommés tout-à-l'heure ; obligée, là, d'entendre le reproche d'un crime impossible avec un fils de dix ans, et qui aurait trop outragé la nature ; mise dans la charrette, les cheveux coupés, les mains liées derrière le dos, insultée par ce qu'on appelle aujourd'hui la plus vile *souveraineté*, la Sultane, que probablement vous n'avez jamais vue, celle aux pieds de laquelle toute la Perse serait tombée quatre ou cinq ans auparavant, la première Sultane de Perse enfin, est venue rejoindre ici son mari !

La sœur, l'aimable sœur, que tous les tigres de la Nubie auraient respectée, a éprouvé ici, plusieurs mois après, le même sort. L'unique rejeton, à qui l'on avait donné pour gouverneur un gueux de cordonnier, qui lui disait : *Petit b......, décrote mes souliers,* est mort dans la Tour. La pitié, cependant, a parlé en faveur de la fille. Cette jeune princesse vient d'être remise entre les mains de parens sur les frontières de la Turquie. Le Sophi, par bonheur, avait deux frères qui, dès le commencement ont pris la fuite. De vieilles tantes se sont retirées chez le Lama, où une de nos quatorze armées a juré, dit-on, de porter la sainte liberté, et de voler en revanche tous les chef-d'œuvres du Thibet pour nous les envoyer. Tel est le sort de la plus illustre et de la plus infortunée famille de l'Asie. Leur Aïeul avait bien dit en mourant, qu'il laissait après lui une révolution.

Le Vieillard fit l'énumération des victimes égorgées sur la place du Chaos. Il expliqua à Babouc l'effet de cette machine qui avait été inventée par un médecin, et s'étendit beaucoup sur les tourmens inouis que le tronc ressentait plus de trois heures encore après être séparé de son chef : témoignage irrévocable de ceux qui avaient vu le mouvement convulsif des corps dans le long panier où ils étaient entassés. Il parla de plusieurs têtes coupées, sur le visage desquelles s'étaient manifestés d'une manière non équivoque, tous les symptômes de la douleur et même de l'indignation ; et pour exemple, il cita le soufflet donné à cette

Persanne, belle comme une Georgienne ou une Circassienne, laquelle Persanne, croyant venger la mort de son amant et s'immortaliser, vint poignarder dans un bain l'*énergumène* qui, dans ses feuilles, avait demandé qu'on coupât trois cents mille têtes.

Vous vous appuyez sur des autorités, répondit Babouc; mais vous ne me persuaderez jamais qu'une tête (quelle qu'elle soit) ait pu se dire : « Me voilà présentement séparée; ... on me » tient par les cheveux, pour me faire voir à » toute la canaille, et le bourreau a eu l'au- » dace de me souffleter.... » Ah ! dit le vieil- lard, l'ame entièrement réfugiée dans le senso- rium peut conserver encore quelques minutes une partie de ses facultés......

De tous les supplices, reprit Babouc, celui- ci ne doit pas être le moins cruel, parce qu'il agit sur tous les nerfs. Je ne sais s'il se prolonge; mais j'affirmerais que l'ame alors ne peut juger, et qu'il ne reste plus que la perception de la douleur. Eh ! sentir, c'est juger, dit le Vieil- lard.... Ils étaient entrés dans une discussion très-importante, et beaucoup de gens qui n'y entendaient rien fesaient cercle pour les écouter. Seigneur Etranger, dit le Vieillard, si nous nous éloignions un peu de cette place, qui rap- pelle à tous les honnêtes gens des souvenirs trop affreux ?.... D'ailleurs , voici la troupe à cheval qui accourt au grand galop , le sabre à la main , elle traiterait cela de rassemblement. Les Persans sont libres comme l'air , il n'y a pas le plus petit doute ; mais il ne leur est pas permis de causer avec tout le monde.

Que de soupirs échappèrent à Babouc ! Dire : C'est dans cette place élevée par un des plus grands souverains de l'Asie , où l'œil découvre de tous côtés ce que l'art peut enfanter de plus beau , de plus magique , que le Sophi , la Sultane , la sœur , tout ce qu'il y avait de grands , de riches et d'aimables a vu trancher le fil de ses jours ! ô c'est bien-là qu'il reconnut tout-à-fait la vicissitude des choses humaines , et que tout était vanité , selon les paroles du Sage *Cyrus* !

* * * * * * * * * * * * * * * * * * * *
* * * * * * * * * * * * * * * * * * * *
* * * * * * * * * * * * * * * * * * *

Ils allèrent tous deux s'asseoir sur la terrasse des *Fétiches* (1) , et le Vieillard commença par lui parler de l'Assemblée des Etats de Perse , de la prise du fameux Bastion , du

____

(1) Moines qui approchent beaucoup de nos ci-devant Feuillans.

départ des *Disparus* (1), de l'établissement de la société mère des Faquirs, de la division de Persépolis juste en quarante-huit *Portions* (2), et de celle de toute la Perse en quatre-vingt-trois *Cantons* pour commencer ; de la grande souveraineté du peuple Persan ; de cette premiere constitution si belle, si brillante, si magnifique, et qui ne pouvait pas se soutenir ; des sept cents cinquante *Émirs* qu'on avait choisis ; des changemens étonnans qu'ils osèrent faire, en renversant d'un seul mot et l'église et l'épée, et la robe, et la finance et tout ce qui s'en suit, et comme ils finirent par ne pouvoir plus rien faire, et être obligés

---

(1) C'est sans doute ce que nous appellons chez nous les émigrés.

(2) Espèce de sections. On n'a jamais pu découvrir sur quelle *Portion* Babouc était logé pendant son séjour à Persépolis. Ce serait cependant une chose bien essentielle à savoir.

(3) Ce sont les Départemens de la Perse. C'est de là qu'ils tirent leurs Emirs ou Députés. On dit chez eux habituellement : Un tel, Emir du canton du Tygre et de l'Euphrate ; un tel, Emir du canton du Zindhroust, etc. etc. Les Persans compteront peut-être un jour un milliard de *Cantons* ; en égard aux conquêtes prodigieuses qu'ils se proposent de faire, pour accélérer la paix, et la rendre aussi honorable que durable.

eux-mêmes de se retirer ; de la fuite , de l'arres-
tation et de la déchéance du grand Sophi ; puis
de la création soudaine de *la Chose publique
Persanne* ; de la seconde Constitution qui
naquit, et qui ne pouvait pas encore se soutenir
parce qu'elle était détestable ; du 31 des *Fleurs*
qui engendra le Gouvernement-Tortionnaire ,
lequel Gouvernement-Tortionnaire fut , à son
tour , un peu terrassé par le 9 *Brûlant* ; puis
de la troisième Constitution enfin qui est par-
faite aujourd'hui ; de l'esprit , des talens , des
connaissances , de l'accord et de la probité des
cinq cents Emirs de la première Chambre ;
de la sagesse et des lumières profondes des
deux cents cinquante vieux Emirs de l'autre
Chambre ; puis des cinq *Satrapes* seulement
qui font les honneurs du Palais , lesquels
cinq Satrapes , revêtus de l'autorité suprême et
de toutes les parts de souveraineté possibles ,
font alors ce qu'on appelle un seul et unique
Sophi qui est le peuple , lequel peuple par
conséquent se retrouve réduit à zéro , et fina-
lement de tout le bonheur dont on allait jouir.

Vous m'étonnez sans m'étonner, dit Babouc,
j'avais toujours prédit qu'il arriverait chez vous
de grands changemens ; mais par qui , et comment tout cela a-t-il été amené ?

Nos malheurs , répondit le Vieillard ,

viennent, dit-on, de la faiblesse du Sophi, des dépenses excessives de sa cour, de la dilapidation des finances et de la banqueroute inévitable qui tôt ou tard devait se faire ; et si l'on veut remonter plus haut, d'un traité monstrueux et impolitique, conclu tout-à-coup par son prédécesseur, après trois cents ans de haines et de guerre avec la sublime Porte, ennemie jurée et nécessaire de la Perse ; enfin d'avoir négligé d'entretenir ses troupes sur un pied respectable ; d'avoir réformé par économie la plus grande partie de sa maison et de s'être ingéré très-mal à propos à vouloir donner la liberté aux autres, aux dépens de la nation Tartare qui n'entend point raillerie quand on lui fait perdre ses possessions dans un nouveau monde. On lui reproche aussi d'avoir été trop bon, trop humain et de n'avoir pas ordonné qu'on tranchât la tête à certain *Bourgeonné* qui voulait le détrôner, et qui lui seul est cause de la révolution persanne. Comme Emir, il a voté la mort de son cousin, mais le ciel a permis que cet ambitieux, secrétement poussé par les Tartares, ait été joué par son propre parti, qui l'a envoyé à la fin réaliser ses projets sur la place du Chaos, à la grande satisfaction de toute la Perse.

Quoi ! reprit Babouc, c'est un parent qui

pour régner a fait périr le Sophi , la Sultane-
épouse, la sœur à la fleur de son âge, établir un
gouvernement tortionnaire et couper soixante-
dix têtes par jour ? Ce n'est pas tout-à-fait lui ,
repondit le Vieillard , mais ce sont les Faquirs ;
non pas ces Anachorètes que vous avez connus
jadis , car il n'existe plus , comme je vous ai
déja dit, un seul Anachorète. Les Faquirs dé-
testent les Anachorètes à la rage, et ils portent
un nom d'Anachorètes : c'est encore une des
moindres contradictions que nous ayons.

Alors il dévoila à Babouc la conjuration
du cousin , lui fit connaître les premiers
champions qui avaient figuré sur la scène , les
Fayettès , les *Mirabauës* , les *Bailliès* , les
Neckerès et les abominables fripons qui leur
avaient succédé ; il entra dans tous les détails
concernant le procès , nomma tous les Emirs
qui avaient voté, en conscience, pour la mort,
et les bons Emirs, qui , par la même raison ,
avaient voté contre ; mais de bonne-foi , lui
dit-il, croyez-vous que la révolution persanne
fût jamais arrivée si les puissances étrangères
n'avaient pas attisé le feu et répandu l'or quelque part , pour se venger des conquêtes passées
de l'orgueilleux Sophi , sur-nommé le Grand ,
et que ce ne sont pas les Tartares qui ayent
fait périr notre Sophi , afin que l'Asie ne leur

reprochât plus d'avoir été les seuls qui eussent versé le sang de leur souverain ? Cette nation voudroit tâcher de profiter des circonstances, pour placer, s'il est possible, une branche de sa maison ; et à bon compte, elle s'empare de toutes les possessions de la Perse dans l'Inde et dans les Colonies : elle fait voguer insolemment tous ses vaisseaux depuis le golphe Persique jusqu'au petit détroit de la Manche, où tout le monde qui connaît la carte sait que les Tartares dominent depuis un siècle.

Après lui avoir fait le portrait de ce divin *Maratès* qui avait été poignardé dans un bain, (action très-criminelle au fond), et le portrait de cet incorruptible *Robespierrès* qui n'étoit point né avec assez de génie, une figure et un corps assez nobles, pour être, ou un Gengis-Kan, ou un Thamas-Kouli-Kan, il lui retraça une partie des horreurs du gouvernement tortionnaire, lui peignit en deux mots la marche qu'employait ce tribunal de sang, pour envoyer à la mort toutes les victimes qu'on lui avait désignées; disant à celui-ci : *Tu n'as plus la parole! . . . Toi, hors la loi! . . .* et à un malheureux maître-d'armes condamné : *Pare donc cette botte-là! . . .* Ce qu'un Emir un peu farceur, et qui fesait des *Carmagnoles*, appellait dans ce tems-là, des *formes acerbes.*

Ensuite, il lui parla des motions dans les quarante-huit *Portions*, pour tuer tous les chiens, les chats, les oiseaux, faire retourner toutes les plaques des cheminées, abattre les girouettes; dés propositions, dans quelques assemblées *populacières*, de mettre les Magicrates à la broche, lorsqu'on manquait de subsistances, et de la *Pendaison* qu'il fallait avoir méritée pour obtenir le certificat de *Canaillocratie* (1).

Le bon Vieillard finit par lui raconter les *fusillades* et les *mitrailles* de *Tauris* (2), avec tous les malheurs de cette ville si riche et si florissante autrefois; les *noyades* qu'on avait faites sur le fleuve Tygre, par le moyen de petits bateaux à soupape exprès pratiqués; comment on avait assommé à coups de crosse, et lardé à coups de sabre, les victimes qui cherchaient à nager pour se sauver; comme on avait fait engloutir plusieurs petits bateaux qui n'étaient chargés que de *Mages*; car c'était sur-tout contre les pauvres mages et les *Titrés*

---

(1) On demandait aux Persans : Qu'as-tu fait pour être étranglé, si les choses revenaient comme elles étaient ? Il y en avait beaucoup qui n'étaient pas embarrassés pour répondre.

(2) Une des premières villes de Perse, après Persépolis.

de Perse qu'on était acharné. Il lui parla de la *Glacière*, des journées des 5 et 6 *Vendange*, de celle plus terrible, le 10 *Brûlant*, où l'on vit la monarchie persanne s'écrouler tout-à-fait sur des monceaux de cadavres : il lui raconta les massacres épouvantables des 2 et 3 des *Fruits* suivant ; les atrocités commises sur le corps de la trop infortunée princesse de la Chine ; enfin le dernier coup monté le 13 *Vendange*, (jour où les *Représentans* de la Perse se révoltèrent ouvertement contre les *Représentés*,) et tous les troubles du Midi organisés depuis par un scélérat d'*ex-Émir* et *compagnie*.

Nation exécrable, s'écria Babouc ! l'heure de ta destruction est arrivée : il faut que tu périsses ! Hélas, oui ! dit le Vieillard, (sans comprendre le sens de l'imprécation de Babouc,) pour moi, je crois que le grand Orosmade ainsi l'a décidé. Un de nos fameux philosophes, qui raisonnait à tort et à travers sur les gouvernemens, et dont nous avons par conséquent adopté les principes, avait pourtant écrit *que mieux vaudrait qu'une révolution n'arrivât jamais que de coûter le sang d'un seul homme.... que le peuple cessait d'être libre, dès qu'il était représenté....* Cela ne nous a pas empêchés, comme vous voyez, d'avoir des émirs à l'infini, et de répandre le sang à grands flots.

Les hommes sont nés surement pour s'assassiner; car, depuis que le monde existe, font-ils autre chose ? Si vous saviez avec quelle fureur les Persans se dénonçaient ! comme ils se précipitaient sur la place du Chaos pour voir tomber la tête de leurs frères ! *Coupez, coupez,* criaient tous les *férocistes*, les buveurs de sang, et que la terreur soit éternellement à l'ordre du jour.

Au commencement, la révolution était superbe. Ce n'est pas, ajouta le Vieillard, que je veuille dire qu'elle ne le soit encore aujourd'hui. Il n'y a jamais eu une aussi belle révolution, et, graces au ciel, il n'y en aura jamais comme la nôtre. Nous pouvons, sans mentir, nous glorifier tous d'avoir attrapé l'excellentissime gouvernement *utopien* (1) de Thomas Morus. Avec nos deux chambres et nos quatorze armées, il faudra que nous *utopiesions* toute l'Asie malgré elle. Dans le commencement, dis-je, on voyait les roses éclore de toutes parts; les abus allaient cesser pour toujours;

***

(1) Thomas Morus, grand chancelier d'Angleterre, donna le nom d'*utopie*, (c'est-à-dire en grec, qui n'existe nulle part,) à sa république qu'il regardait malheureusement lui-même comme un rêve, une chose impraticable. L'ouvrage de Thomas Morus est très-curieux et très-intéressant.

la Justice devait descendre du ciel , et la Vérité sortir du puits : leur sœur Astrée , bien entendu, se serait réunie avec elles. Déja les ruisseaux de lait et de miel commençaient à couler. Ce qu'il y a de certain , c'est que pendant deux mois, les Persépoliens , ravageant toutes les terres d'alentour , ne vécurent que de per-dreaux , de lièvres et de faisans.

Il fallait nécessairement se comparer à quelque peuple ; on alla chercher Rome , Athènes , mais sur-tout *Rome*. Alors nous coupames la barbe à nos derviches , pour faire de ces bons pères des soldats romains ; et comme les vestales étaient fort respectées à Rome , nous arrachames le voile et la guimpe des nôtres , pour faire de ces anges timides des cantatrices , des filles publiques , ou de mal-heureuses rentières : plusieurs vestales épou-sèrent sans cérémonie quelques anachorètes soldats. Les Persans voulurent être enrôlés ; tous endossèrent l'uniforme , et se disputèrent à qui porterait le galon et les épaulettes. Il n'est pas d'idées bizarres et incompréhensibles qui n'ayent passé par nos têtes. Chacun apporta en foule sa montre , ses boucles et tout ce qu'il avait pour en faire don à la patrie , parceque désormais on n'aurait plus besoin de rien : et ceux qui recevaient pour la patrie prenaient

C

toujours. Quelle joie , quel bonheur de voir tous les titres et les priviléges abolis ! Le négociant , le banquier cousu d'or , ne seraient plus éclipsés ! leur voiture roulerait par-tout , et eux seuls riches auraient des voitures ! de droit ils remplaçaient les Rajas et les Omrahs (1). Les envieux , qui trottaient à pied , pensaient tout le contraire , et se réjouissaient cordialement de ce qu'on ne verrait plus jamais de carrosses. Chacun enfin raisonnait d'après ses vues , ses desirs ; et le délire était complet.

Que de sottises , dit Babouc ! la vraie cause de votre révolution , c'est l'orgueil ; l'orgueil qui perdit les premiers anges , et qui perdra tout le genre humain. Le Vieillard convint que Babouc avait raison , et que c'était réellement l'orgueil qui avait fait la révolution persanne.

Au récit de tant d'horreurs , Babouc ne fut plus surpris de ce qui lui était arrivé dans la tente de l'officier , et de ce qu'il n'avait pas apperçu de mage ou de derviche pour donner la bénédiction avant le combat. Il fit part au Vieillard de la victoire qui venait de coûter vingt-cinq mille hommes à la chose publique

---

(1) Les Rajas et les Omrahs étaient les ducs, les chevaliers , les comtes et les marquis de la Perse.

persanne, et le Vieillard le crut aisément. Il semble, lui dit ce respectable homme, que dans notre gouvernement *utopien* il y ait un système combiné pour faire périr tout le monde, et principalement les rentiers ; car le Vieillard était un bon rentier, et chacun est toujours un peu occupé de ses intérêts. Il dit à l'étranger qu'il n'y avait plus de pudeur, plus de religion en Perse ; que tout était profané ; qu'un âne, revêtu des souverains habits pontificaux, avait été promené par toutes les rues, et que le pain des élus lui avait été offert et posé dans la bouche ;... (Quel sacrilége ! quelle démence, s'écria Babouc avec indignation, avec pitié !) Que la plupart des mages qui avaient prêté serment étaient montés dans la chaire de vérité, pour protester qu'on devait les regarder tous comme des jongleurs, des escamoteurs, des hypocrites ; des fripons, et qu'ils voulaient se marier avec de riches héritières, des *bonzesses* qui auraient une pension, divorcer, jouer la comédie, chanter à l'opéra, être capitaines de janissaires, chefs de talmouks, généraux ; agioteurs, émirs, s'ils pouvaient, et qu'en conséquence ils lacéraient et brûlaient leurs lettres sacerdotales. Il ajouta qu'on avait enlevé l'argenterie des mosquées, les vases sacrés, et que personne ne pouvait savoir ce que tout cela était devenu. Vous ne reconnaîtrez plus rien, dit-il à Babouc. Les mœurs sont changées comme s'il y avait déja un demi-siècle de révolution. Le Persan n'a plus de politesse, plus d'urbanité : le Persépolien sur-tout est devenu barbare et féroce. On a mutilé, brisé les chef-d'œuvres respectés même par le tems. On a voulu incendier le dépôt des connaissances humaines. Cependant, continua le Vieillard, nous sommes encore au sein des beaux arts ; le Muséum et le Musée renferment tous les trésors. Il nous reste des débris échappés à la hache tortionnaire, plusieurs savans, quelques hommes précieux. On pourrait rendre la Perse heureuse ; mais on s'en gardera bien ! On souffre, on ose permettre dans le sénat qu'une vile faction domine, et soit l'arbitre de nos destinées. Je ne crie point contre la révolution ; j'aime la chose publique tant qu'on voudra ; mais je serais charmé qu'on n'anéantît pas mon pays.

Hélas ! reprit Babouc, qu'aviez-vous besoin d'une révolution ? Pourquoi avoir donné tant d'empire aux Faquirs, et pourquoi les Persans les ont-ils laissé faire ?

Je n'en sais rien, répondit le Vieillard ; mais avec les mots magiques de *liberté* et d'*égalité*.... *Guerre aux châteaux, paix aux chaumières*....

Les grands ne nous paraissent grands que parceque nous sommes à genoux : levons-nous, etc. etc. les Faquirs ont trouvé le secret de renverser le trône, de museler le peuple, et de lui faire égorger son prochain. Un mage (1) assez charlatan, bien pernicieux, et toujours caché derrière le rideau, s'est avisé de recueillir de prétendues *Maximes* de l'homme ; et à chaque constitution qui paraissait, les *maximes* ont été corrigées, retranchées, ou augmentées ; voilà l'histoire de notre révolution !

Au surplus, dit le Vieillard, je puis vous prêter, si vous voulez, une collection complète du *grand papier-universel*. Elle vous retransportera à la véritable tribune, d'où vous pourrez entendre toutes les belles phrases et les beaux discours qu'on a prononcés. Babouc fut curieux de lire le grand papier-universel, et promit de l'envoyer chercher dès le soir même.

Mais enfin, dit-il au Vieillard, le règne tortionnaire étant un peu passé, jouissant aujourd'hui d'une espèce de calme, peut-on vous demander ce que vous comptez faire, et ce que vous comptez devenir ? Reste-t-il encore chez vous quelque espoir de salut ? Votre chose publique se soutiendra-t-elle ?

____

(1) On croit qu'il se nommait Delos, Syetes ou *Syeiès* : c'est ce qu'on n'oserait trop assurer.

Pour vous répondre cathégoriquement, dit le Vieillard, je vais me servir des propres expressions de ce mage assez charlatan et bien pernicieux, à qui pareille question, l'autre jour, fut faite en confidence. Je vous avertis qu'elle n'est pas consolante; mais elle a bien du poids, parcequ'elle vient d'un homme de tête, et qui ne badine pas : *Ce sont des vers qui s'agitent sur un cadavre !*

Babouc fut frappé comme d'un coup de foudre ; il sentit toute la profondeur et la conséquence de la réponse du mage toujours caché derrière le rideau, et n'o a plus faire de questions. Il pensa qu'Ituriel n'aurait pas besoin d'exercer la vengeance d'Orosmade contre les misérables Persans ; et son cœur, à cette pensée, se sentit peut-être un peu soulagé. Malgré cela, lui dit le Vieillard, il faut que la révolution tienne, à cause de ceux qui ont acquis les biens des disparus, et que la chose publique soit éternelle, vu les lois rendues à ce sujet. C'est Persépolis qui a fait la révolution, et Persépolis servira toujours de boussole à tous les *cantons*. L'étranger seul pourrait mettre les Persans à la raison; mais il ne le fera pas, parceque ce n'est pas son intérêt, et que d'ailleurs nous serons toujours les vainqueurs, comme cela se prouve à la tribune. On aurait tort de vouloir chercher à raisonner, à pénétrer; la révolution persanne est un mystère; et, selon moi, le plus grand calculateur n'en sait pas plus que *l'imbécille* qui cardait de la laine, et qui brille aujourd'hui dans le sénat.

Les deux bons *habitans* changèrent de conversation, et s'entretinrent environ un quart-d'heure de choses indifférentes, du respect et de l'amitié qu'on portait aux sept cents cinquante Émirs, et de la reconnaissance dont on était pénétré pour toutes les merveilles qu'ils avaient opérées; mais le Vieillard, qui était un homme consommé, qui avait fait trois ou quatre fois le tour du globe, et vécu avec presque tous les grands et les savans de l'Asie, se garda bien de demander à Babouc ce qu'il venait faire à Persépolis, et pourquoi le bruit de la révolution persanne n'était pas encore venu sur le rivage de l'Oxus frapper ses oreilles scythes. Il ne songea jamais avoir lu dans les journaux que Babouc avait été envoyé, il y a trente ans, pour faire détruire Persépolis, et que l'ange Ituriel pouvait très-bien le renvoyer sur des motifs non moins bien fondés. Quoique le Vieillard aimât la révolution persanne comme tout le monde devait l'aimer, elle lui causait tant de chagrin que souvent elle absorbait un peu ses idées. Il y avait au moins cinquante ans qu'il n'avait mis le pied dans la capitale, et il n'y serait jamais revenu, sans deux ou trois neveux et autant de niéces qui avaient disparu, et qu'on lui promettait enfin depuis peu de faire rayer de la liste des disparus, moyennant cent roupies doubles par neveu et cinquante par niéce : ce qui fesait pour le bonhomme de chers neveux et de chères niéces ; mais en recueillant ce qu'on n'avait pu s'empêcher de lui restituer des biens d'un condamné, il avait trouvé, dans le fond d'un caveau échappé à l'œil furtif des comités tortionnaires, un petit coffret rempli de dariques d'or ; et le bon Vieillard, qui avait toujours été généreux, se félicitait déja du bonheur de rendre à la patrie quelques individus très-intéressans, et qui ne s'étaient absentés que par étourderie ou par frayeur.

Sans affectation, Babouc s'informa de divers personnages qu'il avait connus à Persépolis. Il apprit que ceux-là précisément avaient été les premières victimes de la révolution, et que *Théone* (1), si belle autrefois, et avec laquelle il avait fait, si l'on s'en souvient, plusieurs petits soupers charmans, y avait aussi passé le pas, malgré tous les cris de cette malheureuse

____

(1) Voyez *Vision de Babouc*, par Voltaire.

femme. Ne parlez plus de personne, lui dit le Vieillard ; vous ne trouverez pas ici une seule maison où il n'y ait un père, une mère, un frère, une sœur, ou un ami à pleurer. Nos places publiques, nos plaines, nos promenades sont jonchées de morts. Ce jardin du magnifique palais, qui vaut peut-être les jardins de Sémiramis et d'Alcinoüs, et tous les jardins de l'antiquité, hélas! si vous l'aviez vu comme moi, n'était qu'un vaste cimetière le 10 Brûlant....

Mais nos seigneurs les Émirs viennent sans doute d'ordonner de fermer encore une fois les grilles et de chasser tout le monde ; car j'apperçois les Jannissaires, les Talmouks courir à pied, à cheval, et chacun s'enfuir : éloignons-nous bien vîte aussi nous autres, de peur d'être écrasés ou sabrés. Je vous félicite de la liberté dont vous jouissez, dit Babouc. Ceux qui ne seront pas contens, répondit le Vieillard, iront se réfugier en Turquie, à Maroc, où le sort des esclaves aujourd'hui n'est plus à plaindre.

Étant sorti du jardin, le Vieillard, après avoir repris un peu haleine, écrivit son adresse avec un crayon, afin que l'étranger pût envoyer chercher le grand papier-universel. En même tems, il invita Babouc à se pourvoir d'une

carte d'habitant sur la *portion* où il allait loger:
Dans les circonstances actuelles, lui dit-il, on
ne sait jamais ce qui peut arriver. Il se sentait
intérieurement frappé de respect pour l'inconnu,
et Babouc, de son côté, sentit la plus grande
vénération pour le Vieillard. Il pensa en lui-
même que, quand tous les Persans seraient
exterminés, celui-ci, comme le juste Noé et
le bon Loth, était sûr d'être épargné. Il le
remercia fort honnêtement d'avoir bien voulu,
sur la terrasse des *Fétiches*, lui apprendre
des choses aussi étonnantes, aussi affligeantes.
Babouc regarda fermer la grille, et vit la
contenance ferme du peuple souverain, que
l'on venait de mettre très-librement à la porte.
Ensuite il souhaita le bon-soir au Vieillard,
et lui fit promettre de dîner ensemble un de
ces jours, en lui serrant trois ou quatre fois la
main ; car cet homme ou cet *habitant* lui avait
plu singulièrement.

* * * * * * * * * * * * * * * * * * * *
* * * * * * * * * * * * * * * * * * * *
* * * * * * * * * * * * * * * * * * *

Babouc se retirait pour prendre une *carte
d'habitant*, faire promptement usage de son
Hiéroglyphigraphe et ne rien cacher à Ituriel,
lorsqu'une avanture assez désagréable l'obligea
d'aller devant un Cadi-de-paix. Il tenait son

bâton sous son bras, et marchait très-occupé de la chose publique persanne. Il rêvait aux deux Chambres, au Palais et à toutes les horreurs que le Vieillard venait de lui apprendre. Un homme qui le suivait à la piste, profita de la rêverie, pour tirer tout doucement le bâton, et le remettre aussitôt entre les mains d'un grand estaffier qui s'enfuit à toutes jambes. Babouc se retourne, reconnaît une des mines patibulaires qui avaient osé lui parler sur la place du Chaos et saisit au collet son fripon. Celui-ci, qui se nommait Brutus, jette les hauts cris, et demande le premier à paraître devant le Cadi-de-paix.

Brutus ne nie point le fait, mais dit avoir pris innocemment le bâton pour l'examiner, que Caïn-Gracchus à son tour l'avait repris, et que le bâton alors était disparu ; qu'au surplus, il montrait sa *carte d'habitant*, et que celui qui se plaignait n'en avait pas. Le Cadi-de-paix, pour arranger cette affaire, posa la *Question intentionnelle*, et Brutus eut la gloire d'être acquitté : il disparut en ricannant, se frottant les mains, fesant sonner bien haut qu'il avait une *carte d'habitant*, et qu'il était connu depuis la révolution.

Le Cadi-de-paix fit des excuses à Babouc, en lui disant qu'il savait en son ame et con-

(44)

science que Brutus était un coquin ; mais que
la *Question intentionnelle* était une chose bien
forte à laquelle on ne pouvait pas répondre ;
que d'ailleurs Brutus était un *exclusif* qui
avait rendu des services étonnans aux 2 et 3
des *Fruits* ; qu'il fallait toujours ménager ces
gens-là ; que Brutus un jour serait peut-être
Emir à l'assemblée Persépolienne ; sur-tout
si le respectable *tiers* qui devait être expulsé,
trouvait le secret de se faire réélire, comme
cela paraissait assez probable, au moyen des
batteries qu'on avait déja dressées. Quoi qu'il
en soit, il lui conseilla de ne pas s'en tenir-là,
et d'aller dès le lendemain chez l'*habitant*
Satrape de police où il pourrait peut-être obtenir quelques renseignemens et rattraper son
bâton. Quant à la *carte* qui manquait à
Babouc, il dit qu'il était facile d'y suppléer,
et que pour vingt-cinq dariques d'or, il ré-
pondait de lui en fabriquer une tout de suite,
non pas *rouge*, comme on les donnait exprès
aux malheureux étrangers, mais qui serait
blanche et avec laquelle il pourrait se montrer
librement et sans rien craindre, quand même
il aurait été porté sur la *liste* des *disparus*,
et qu'il serait débarqué de la Turquie, ou de
la Tartarie, depuis une heure. Pour toute
réponse, Babouc lança un coup-d'œil qui fit

pâlir le Cadi-de-paix, et sans lui donner le tems de répliquer, il quitta cet homme inique, et s'en alla retenir un logement : après quoi, il se rendit très-exactement à sa *portion*.

* * * * * * * * * * * * * * * * * * *
* * * * * * * * * * * * * * * * * * *
* * * * * * * * * * * * * * * * * * *

Si jamais Babouc s'impatienta, ce fut pendant les deux heures consécutives qu'on mit à lui délivrer sa *carte*. Tous les membres, ce jour là, semblaient s'être donné le mot pour se réunir ; et lorsqu'il entra, ils étoiant, selon l'insupportable habitude des Persans, à raisonner sur la chose publique, et prêts à se battre pour leurs opinions; le plus ou moins de services qu'ils avaient rendus ; les gardes qu'ils avaient montées ou fait monter. L'un avait assisté à la prise du fameux *Bastion* ; l'autre s'était trouvé en personne *à la journée du dix*, où tous les *Scythes* avaient été égorgés. Celui-là au contraire, eût été très-fâché de prendre les armes : il était durant le charivari au cabaret à prédire tout ce qui devait arriver.

Ils cessèrent cependant leur dispute, pour écouter Babouc. On lui demanda son nom ; ensuite pourquoi il s'appellait Babouc, et ce que le mot de Babouc signifiait, que ce mot était drôle. L'un d'eux qui avait lu la traduc-

tion persanne de Rabelais , et qui aimait pas-
sablement à boire , répondit que Babouc
venait sans doute de la *dive Babuc* (1). ...
Ça rime avec *Luc* , avec *Astruc* , dit un
autre.... C'est un nom Arabe , répliqua un
troisième.... Cela pourrait fort bien être ,
répartit froidement Babouc ; la Scythie n'est
pas éloignée de l'Arabie : l'étymologie de
Babouc est probablement *Babuc* ; mais c'est
une *carte d'habitant* dont j'ai besoin.

D'abord , il leur était impossible , si Babouc
tirait sa véritable origne de l'Arabie avec laquelle la Perse était en guerre , de donner de
carte... celle qu'il aurait serait *rouge*.... Qu'importe , dit Babouc , pourvu qu'elle puisse me
servir de sureté. C'est répondirent-ils , qu'on
n'est point trop en sureté avec une *carte
rouge :* on ne les fourre qu'aux étrangers , à
qui l'on doit l'hospitalité la plus inviolable et
la plus sacrée. Barbares , s'écria Babouc ! ...
c'est la loi qui le veut ! *Habitant* , reprit un
membre , c'est la loi ! respect à la loi ! Babouc
se tut ; et s'amusa un instant à lire un arrêté
des cinq Satrapes qui défendait dans les
portions de dire seigneur au lieu d'habitant ; et

______

(1) La divine bouteille : voyez *Rabelais* , ci-devant
curé de Meudon.

ensuite il regarda le grand tableau de *la Décla-ration des Maximes*, lequel tableau tenait presque toute la muraille.

En fesant sa *carte*, ils voulaient absolument qu'il fût de la réquisition, et il leur répon-dait sans cesse de mettre leurs lunettes, et qu'ils verraient si, au lieu de vingt ans, il n'en avait pas soixante bien comptés ; mais on ne les lui aurait jamais donnés, à cause de son visage frais, et de la vigueur dont il était redevable à la vie sage, active et réglée qu'il avait toujours menée. Son signalement acheva de leur tourner la tête. Ils lui firent les yeux gris, petits et enfoncés, tandis que tout l'uni-vers sait qu'il les avait bleus et à fleur de tête. Ses cheveux, d'un beau châtain clair (car il n'avait pas encore un seul cheveu gris) devinrent noirs et crépus ; son grand nez aquilin se trouva camus et un peu re-troussé. Ils lui donnèrent un front *ordinaire*, une bouche *ordinaire*, un menton *ordinaire*, avec une taille plus courte au moins de cinq à six pouces ; mais ils savaient mieux que lui ce qu'il était, sa taille, et même com-ment devait s'écrire son nom ; aussi mirent-ils *Babouque*, avec bien du mal : ils forcèrent impunément le rivage de l'Oxus d'être un des quatre-vingt-sept *cantons* de la Perse , et tout cela fesait beaucoup gémir Babouc.

Avant de signer la *carte* , ils s'enquirent bien des fois si, dans le moment , actuel il n'était pas *disparu* , s'il n'avait pas le malheur d'avoir été Faquir, sans le vouloir ; s'il n'était pas *choens*, un *sophialiste* déguisé ; s'il n'avait jamais été enrôlé dans les compagnies *du Soleil* , et s'il n'arrivait pas d'un pays neutre comme la Scythie, pour brasser ou manigancer à Persépolis quelque coup fourré. Cependant ils lui dirent très-respectueusement qu'ils voyaient bien qu'il n'avait pas l'air suspect ; mais qu'il sentait lui-même que s'ils ne lui fesaient pas toutes ces questions il serait inutile qu'ils fussent là , et qu'il vaudrait mieux alors qu'ils allassent faire des pratiques , finir une paire de souliers, ou un habit complet , puisqu'ils étaient perruquiers , cordonniers et tailleurs de leur métier.

Le Perruquier profita de cette occasion pour proposer à Babouc une charmante paire de moustaches postiches , qui lui siérait à ravir , et de lui vendre une pacotille de perruques jaunes pour cacher les cheveux de toutes les Sultanes de la Scythie. Le Tailleur, de son côté, dit qu'il fallait, de toute nécessité, à

Babouc

Babouc un habit *à la victime* ; et le cordonnier offrit de lui faire une superbe paire de souliers *pointus*.... Et ma *carte*, leur disait-il, ma *carte* ?

Ils entamèrent une nouvelle conversation beaucoup plus longue que la première, en répétant cent fois qu'ils étaient des autorités constituées, et que tout le monde, depuis le plus grand jusqu'au plus petit, dépendait d'eux ; que sans eux les Persans n'auraient pas d'état civil ; que c'étaient eux qui mariaient, enterraient, ce qui était bien plus décent que si des mages pieux et respectables fesaient cette cérémonie. Ils dirent à Babouc qu'ils n'étaient certainement pas des *férocistes*, des buveurs de sang ; qu'autrefois ils avaient passé pour des *modérés* ; qu'ils seraient très-fâchés d'avoir été Faquirs, et qu'il y avait bien de la différence entre les *portions* d'aujourd'hui pour recevoir les *habitans*, les expédier promptement, et les *portions* du tems de *Robespierrès*, dans lesquelles on se trouvait arrêté et mis *dedans* sans savoir pourquoi. Ils tombèrent à corps perdu sur leurs anciens confrères les membres des comités torrionnaires, qui posaient et brisaient les *cachets*, et fesaient couper le cou à tout le quartier : c'étaient des gueux, des coquins de sans-culottes.... Mon dieu ! dit le Tailleur , ne nous emportons pas. Tout sage et tout humain que l'on est actuellement , on ferait pis encore , si les Faquirs avaient demain le dessus : et moi , je dis que ce n'est point à eux que l'on doit s'en prendre , mais aux poltrons qui les ont laissé faire. Il soutint que les Persans n'avaient pas de cœur , qu'ils étaient des lâches qui méritaient bien tout ce qui *leurs* était arrivé. Oh çà ! il a raison , répondit le Comité ; et ils se mirent à regretter le bon tems passé , où tout le monde était heureux , où tout le monde vivait ; ce tems où l'on tirait le gâteau des Sophis , et courait les masques , avant que le *Ramazan* (1) fût arrivé. . . . Vous l'avez voulu , seigneurs les Canaillocrates , leur répliqua.t le Tailleur.

Ils avouèrent en soupirant que c'était fini pour eux , qu'ils ne reverraient plus jamais le bon tems , et que l'égalité ferait mourir de faim tous les ouvriers. Tant-mieux , reprit le Tailleur , ils n'auront que ce qu'ils méritent : pourquoi ont-ils voulu chasser tous les riches ?

Le Cordonnier voulut s'en mêler , et dire que la paix , qui n'était pas éloignée , raménerait tout cela : ils le traitèrent de *savetier* ; et le Perruquier , qui razait la moitié des deux

____

(1) Le Carême.

Chambres , et f. isait même la moustache à un ou deux des cinq Satrapes , assura positivement que la paix ne se ferait pas , et qu'elle ne pouvait pas se faire pour mille raisons ; *primo d'abord* , parceque ses pratiques à lui ne le voulaient pas , et ne s'en souciaient pas ; *secundò ensuite* , parceque toutes les Puissances avec lesquelles on était en guerre ne mettraient jamais bas les armes , tant que la Perse n'aurait pas de Sophi. Vous devez bien penser , dit le Perruquier , que l'Asie , qui est tout-à-fait *sophialiste* , ne sera pas assez bête pour souffrir qu'il s'établisse dans son sein une chose publique telle que la chose publique persanne ; de même que s'il n'y avait que des choses publiques sur la terre , on ne permettrait jamais à aucun *sophiaume* , si petit qu'il fût , de se former : c'est le bon sens qui dit cela.

Et quand nous aurions demain la paix , (car pour moi , je ne m'y oppose pas , continua le Perruquier ,) en serions-nous moins malheureux ? non , au contraire. Vous ne voyez donc pas , vous autres , que vous avez augmenté plus de sept cents cinquante mille fois toutes vos dépenses , et que vous rétabliriez vos impôts , les doubleriez , les tripleriez , il vous resterait encore , au bout du compte , un *déficit* épouvantable. On n'a pas une chose publique , mes bons amis, sans qu'il en coûte. Vous serez obligés de salarier toute votre vie une bonne partie de la nation, et vos coffres seront toujours vides. Je vous préviens que vos ennemis profiteront de la paix, (s'ils vous la donnent) pour allumer chez vous tout le feu de la guerre civile : c'est le dernier coup où ils nous attendent. Notre position n'est pas belle, et cependant plus nous irons, plus mal ça ira.

Ne me parlez point, je vous prie, de vos Émirs. Pour conserver leur pouvoir, ils vous suceront jusqu'à la dernière goutte de votre sang, et n'abandonneront la Perse qu'après l'avoir rongée jusqu'aux os. Ils se dévoreront eux-mêmes l'un après l'autre, comme se sont dévorés tous ces scorpions (1) qu'avait mis dans un grand bocal une de mes anciennes pratiques qui disséquait des vers à soie, et fesait d'excellens thermomètres. Oh ! comme Babouc souffrait pendant tout cet entretien ! Ma *carte*, ma *carte*, leur répétait-il à chaque instant !

Le discours du Perruquier les échauffa. Ils crièrent bien fort contre la révolution persanne et les Émirs ; mais ils pensèrent que les choses

____

(1) Voyez l'*Encyclopédie persanne*, au mot *émir* ou *scorpion*.

étant poussées aussi loin, il fallait toujours tenir bon, et n'en pas démordre. Le Tailleur, qui était un homme terrible, à ce qu'il paraît, leur répondit que c'était raisonner comme des *cruches*; que si la révolution était vraiment faite pour entraîner les maux qu'ils disaient, il serait beaucoup plus sage de s'arrêter, d'imiter l'enfant prodigue, et de revenir sur ses pas; qu'il valait mieux plier que de rompre : et le Tailleur les accabla de lieux communs pendant plus d'un quart-d'heure.

Enfin, après avoir éprouvé trop long-tems la patience de Babouc, ils signèrent, et lui remirent la fameuse *carte*, dont personne au monde ne pouvait mieux se passer que lui, s'il eût voulu, puisqu'il était envoyé *plénipoten-tiairement* par le génie le plus puissant et le plus redoutable de l'Asie; mais tel était son grand principe de donner par-tout l'exemple, en se soumettant lui-même à la loi du pays, si puérile et si ridicule qu'elle fût.

* * * * * * * * * * * * * * * * * * * *
* * * * * * * * * * * * * * * * * * *
* * * * * * * * * * * * * * * * * * *

Aussitôt que Babouc fut rentré, il prit ses tablettes pour écrire, avant de se coucher, le nom du Cadi-de-paix, celui de Brutus et de Caïn-Gracchus, afin que le jour de la vengeance

arrivé, ces trois scélérats ne fussent pas épargnés. Les membres de la *portion* avaient plus
excité sa pitié que sa colère, et il voyait bien
que ce n'était pas leur faute si l'égalité avait
été exprès déterrer des perruquiers, des cordonniers et des tailleurs. Il était très-piqué
contre la *question intentionnelle*. Cependant
la perte de son bâton ne l'occupa que faible-
ment. Il pensait bien plus à la Perse, et ce qui
l'affligeait, c'était de ne voir aucun moyen de
la sauver. La révolution persanne le fesait
trembler, parcequ'elle ne lui paraissait que
l'ouvrage du crime. N'avait-il pas dit, il y a
trente ans, de laisser aller le monde comme
il allait ? Pourquoi ? c'est que Babouc avait
prévu, dans ce tems-là toutes les suites funestes
d'un nouvel ordre de choses, et qu'il savait,
par la force de son génie, que quand les
hommes prétendent remédier au mal, c'est
plutôt pour bouleverser tout. Il ne concevait
rien à cette nouvelle fantaisie de liberté, et
qu'on osât se plaindre de l'ancien esclavage,
sous lequel tout le monde était même trop
libre. Enfin il s'endormit en gémissant sur la
légèreté persanne, qui s'était déja donné trois
constitutions, parmi lesquelles il y en avait
deux de mauvaises. Mais comme il était naturellement porté pour les choses publiques, par-

cequ'il était Scythe et parcequ'il était vertueux, il espéra d'appaiser Ituriel, en lui faisant entendre qu'un peuple, après tout, pouvait peut-être avoir la liberté de choisir telle ou telle forme de gouvernement, et même de changer de gouvernement comme de chemise, si ce peuple était assez insensé pour cela.

* * * * * * * * * * * * * * * * * * * *
* * * * * * * * * * * * * * * * * * * *
* * * * * * * * * * * * * * * * * * * *

Le lendemain, Babouc arrangea dans sa chambre son plan d'observations. Il résolut de parcourir la ville, comme s'il n'y était jamais venu de la vie, de se répandre le plus qu'il pourrait, d'assister, dès le jour même, à l'Assemblée persépolienne, et de ne se présenter chez les cinq *Satrapes* que lorsqu'il aurait tout vu, tout visité. En attendant, il commença toujours par aller réclamer son bâton.

Le bruit des carrosses, cette fois-ci, ne l'étourdit pas beaucoup dans la rue; mais en revanche, il eut le tympan brisé par le cri aigu *du Journal du matin, de la chose publique Persanne, avec la Liste générale de tous les Emirs à l'Assemblée Persépolienne, leurs noms, leurs demeures et leurs cantons.* Il ne s'attendait à rien, quand trois ou quatre sentinelles, à moitié ivres, lui présentèrent leurs baïonnettes, pour lui faire montrer sa *carte*. Oh ! oh ! s'écrièrent-ils, c'est une *carte rouge* ! il ne faut pas s'étonner si le camp qui est sous Persépolis a été attaqué cette nuit ; allons, mon camarade, vîte au corps-de-garde. Babouc fut obligé de marcher entre quatre fusiliers. Alors chacun se mit à la porte, ou aux fenêtres, pour le regarder ; et de toutes parts, il entendait bourdonner à ses oreilles : *C'est un Faquir, un de ceux qui sous le prétexte de fraterniser à deux h ures de nuit, voulaient s'introduire dans le camp, dans l'espoir de soulever nos braves f ères d'armes, et de tomber tous ensemble sur Persépolis : on va le fusiller tout de suite !* Par bonheur le corps-de-garde n'était qu'à vingt pas. Le commandant du poste, homme assez raisonnable pour un Persan, apprit à Babouc, en deux mots, de quoi il retournait, et l'engagea à ne pas s'affecter du mauvais tour qu'on venait de lui faire, attendu que ce ne serait peut-être pas le dernier de la journée. Il lui dit que pendant trois ou quatre jours, et par mesure de sureté générale, les honnêtes gens ne pourraient plus faire un pas dans Persépolis sans être arrêtés à tous les coins de rues, à tous les carrefours ; qu'ils seraient obligés de tenir continuellement leur *carte* à la main , ou de la coller à leur turban , et que rien n'amusait tant les sentinelles que de faire des espiégleries aux passans , pour se désennuyer. Babouc continua gravement sa route , tenant toujours sa *carte* à la main , et ne voyant arrêter que des personnes très-honn ê tes l déplora le sort des Persans qui ne pouvaient plus causer sur une place publique , parce que cela s'appellait un rassemblement ; qui ne pouvaient plus s'asseoir une heure entière dans le jardin du magnifique Palais , qu'il n'arrivât tout de suite un ordre de nos seigneurs les Emirs de chasser tout le monde , et de fermer les grilles ; et de ce qu'on ne pouvait plus marcher sans avoir éternellement sur soi une mauvaise petite *image* , très - difficile à obtenir , et qu'on était si long-tems à vous délivrer. Quand il n'y aurait que cela seul , dit-il, les génies seraient bien fondés à vouloir détruire Persépolis.

Une foule de pauvres l'obsédait. Il crut se soustraire à leur importunité , en entrant déjeûner dans un ancien café , où jadis il avait fait de grandes parties aux échecs avec les plus fameux joueurs de Persépolis , qu'il avait tous battus. Les pauvres encore plus obstinés entrèrent avec lui dans le café , et ne voulurent jamais quitter , parcequ'il n'y avait que du numéraire dans la poche de Babouc. Pour obtenir un peu de répit, il dit au garçon d'apporter toutes les tasses et de faire déjeûner tout le monde. Pendant ce tems-là, il se dépêche et s'élance au comptoir, pour payer; on lui demande trente-huit mille scudis; il s'imagina que le Persépolien voulait faire une mauvaise plaisanterie; mais l'air sérieux avec lequel on demandait le glaça; il craignit même un instant pour sa bourse et ses diamans. Il lui semblait déja entendre poser dans cette affaire *la question intentionnelle*..... Trente-huit mille scudis, s'écria Babouc! C'est une friponnerie..... O dans quelle ville Ituriel m'a-t-il renvoyé! Oui trente-huit mille scudis, répéta le maître du café, ou bien deux dariques d'or.

Il fallut expliquer à Babouc qu'il n'y avait que du papier en circulation dans la Perse, et que trente-huit mille scudis en papier ne fesaient réellement que deux dariques d'or, lesquelles seraient peut-être une heure ou deux après à quarante mille scudis; et que malgré la défense expresse et sévère de recevoir le numéraire, on voulait bien lui prendre ses dariques. Il se croyait tout-à-fait débarrassé; voilà qu'une nuée d'acheteurs et de vendeurs de dariques vient fondre sur lui pour avoir

absolument ses dariques au dessous du cours ,
vu la grande quantité d'or dont Babouc était
chargé : et de ce moment la darique tomba à
quinze mille , avec espoir d'une plus grande
baisse , si l'étranger , dans le courant du jour ,
se décidait à vouloir vendre. Babouc s'enfuit au
plus vîte , en regrettant plus que jamais ; la
perte de son bâton qui lui aurait servi sans
doute à expulser un peu cette vile canaille.

* * * * * * * * * * * * * * * * * * *
* * * * * * * * * * * * * * * * * * *
* * * * * * * * * * * * * * * * * *

A la Police, il fut impossible même de
dire à Babouc où était le bureau des renseignemens. On le fit monter , descendre et remonter , en se demandant l'un à l'autre le
bureau des bâtons , et s'il existait un bureau
pour les bâtons : tant ils étaient ignares et im-
béc'lles ! Alors il prit le parti de s'adresser
directement au Satrape.

Seigneur , dit Babouc, un homme *du 31
des Fleurs* m'a volé hier à mon arrivée le
bâton que je tenais sous mon bras.... *Habitant,*
reprit une espèce de *factotum* , insolent et
cynique comme un Faquir, tu devrais savoir
qu'on ne *seigneurise* point ici ; tu n'as donc
pas lu l'*arrêté* des *Cinq* à ce sujet ? Il est
étonnant qu'on ne vienne toujours chez nous

que pour se plaindre des meilleurs *Cana-l'o-crates*.... Seigneur Satrape , dit Babouc , n'est-ce donc pas à vous seul que je dois parler ? Le bâton était-il précieux, demanda le Satrape? Oui, répondit Babouc , car il m'était utile : Je promets deux roupies doubles à celui qui le rapportera.

Le Satrape et Babouc s'entretinrent long-tems du grand nombre de fripons et de voleurs qui grossissait tous les jours dans la chose publique persanne , et principalement à Per-sépolis. Ils allèrent même jusqu'à comparer tous les deux l'ancienne police avec la nouvelle , et le Satrape fut obligé d'avouer que le bâton , il y a vingt ans , aurait été retrouvé et rendu dans les vingt-quatre heures, et Brutus, malgré *la question intentionnelle* , envoyé ramer sur l'Euphrate ; qu'on pouvait alors se fier un peu davantage à la force armée et se promener pai-siblement à toute heure , sans craindre dans les rues ni la rencontre des Faquirs, ni les mau-vaises aubaines qui partent de tous les étages , pour gâter les turbans et inonder les habits ; que dans ces tems d'esclavage, on pouvait se retirer à la campagne sans y être pillé , assas-siné ;....mais qu'il n'était rien tel que le nouveau régime, et qu'on devait absolument oublier et même rejetter tout ce qui aurait pu être mieux sous l'ancien. Babouc raconta la petite scène qui venait de lui arriver au café. Le Satrape en prit note sur-le-champ, et deux jours après le café fut cerné pendant plus d'une demi-heure.

En reconduisant Babouc, le Satrape se plaignit beaucoup du fardeau immense dont son patriotisme se trouvait chargé. Il gémissait lui-même d'occuper une place aussi importante... Babouc lui dit : Je vous crois honnête homme, et répondrais que vous n'êtes pas un Faquir; mais pourquoi vous laisser entourer de gens qui ne savent pas leur métier ? Que ne suivez-vous l'ancienne police, puisque tout était bien ? Vos commis sont ignares, imbécilles, et votre *factotum* un malotru. Que voulez-vous, répondit le Satrape, en haussant lui-même les épaules ? Chez nous on est tous égaux, par conséquent il n'y a point à choisir : tels on me les a donnés, et tels je dois les rendre. Il salua très-ministériellement Babouc, et rentra dans le fond de son cabinet, pour prendre les ordres de son *factotum* et se justifier peut-être de sa trop grande politesse envers les étrangers qui ne méritent aucuns égards, quand ils viennent demander justice contre un excellent *Canaillocrate*.

* *
* * * * * * * * * * * * * * * * * * * *
* * * * * * * * * * * * * * * * * * * *

A chaque pas que fesait Babouc, il découvrait une nouvelle trace de destruction, ou appercevait quelque chose de grossier et d'étrange. En vain chercha-t-il sur un pont la statue du bon Sophi d'éternelle mémoire, il ne trouva qu'une vilaine plate-forme hérissée de canons. On lui raconta que ce bon Sophi avait été retiré de son tombeau, pour être jeté à la voirie, et que son corps avait été pollué, qu'on lui avait arraché enfin ce qu'on ne nomme pas. Ce récit le fit frémir et lever les yeux vers Ituriel !

La Juive qu'il avait vue autrefois sur la même ligne du bon Sophi, n'était pas quelque chose de merveilleux ; mais Babouc aurait autant aimé qu'on laissât subsister une fontaine (1) utile, et qui était ancienne, que d'avoir établi un mauvais Corps-de-garde qui gêne et chagrine les passans. Par exemple, la statue qui décorait la place des *Triomphes* était sans contredit un chef-d'œuvre : Babouc savait bien que ce monument était un peu orgueilleux ; mais la pyramide qui la remplace, dit-il, est si triste ! Quand on renverse un beau morceau, on devrait du moins mettre à

____

(1) C'était une fontaine comme jadis la Samaritaine sur le Pont-neuf.

la place quelque chose de passable. Quel ridicule, s'écria-t-il, d'avoir changé le nom de toutes les rues, pour substituer d'autres noms qui ne valent pas mieux et qui souvent font horreur : tels que la rue du *Chaos*, au lieu de la rue *Sophiale*, etc. que signifie, disait-il, cette rue *de la Loi* ? Est-ce que la loi ne doit pas exister par-tout ? La ci-devant rue ; la ci-devant place ; le ci-devant hôtel ; le ci-devant palais. .... Les Persans me prouveraient avec leur mot universel de *ci-devant*, qu'ils sont obligés d'ajouter à chaque phrase, s'ils veulent se faire entendre, que ce qu'ils ont dénommé et renversé, était parfait. Mais qu'ils sont devenus laids et ridicules avec tous leurs bonnets bleus et rouges brodés sur la tête !....

Quelqu'un voulut lui faire entendre que ces arbres isolés, qu'il voyait çà et là, étaient le symbole de la liberté. Babouc répondit qu'ils étaient bien plutôt le signe de l'esclavage, puisqu'on les avait transplantés d'un lieu fertile pour les placer dans un terrain aride, et qui leur était contraire. On lui assura qu'un Emir avait dit un jour au peuple que ces arbres-là, pour fructifier comme il faut, devaient être arrosés du sang de tous les Magicrates, de tous les Sophialistes, et de tous les riches : Et l'on n'a pas accroché tout de suite l'Emir à l'arbre, répondit Babouc ?

Il se fâcha plus d'une fois dans sa course contre les *habitans* grossiers qui osaient le tutoyer comme un chien, le heurter de manière souvent à le culbuter, et qui ne daignaient pas même lui répondre si c'était ou à droite ou à gauche qu'il devait prendre : tandis que tout le monde en Perse, autrefois, vous saluait, sortait exprès de sa maison et vous accompagnait les étrangers, qui n'avaient pas de cartes rouges, jusqu'au bout de la rue en les accablant d'honnêtetés. Babouc éprouva malheureusement que le Vieillard ne s'était pas trompé dans tout ce qu'il lui avait dit sur la terrasse des *Fétiches*.

Une inscription sur-tout le frappa. Elle était répétée presque sur le frontispice de chaque porte : *Liberté, Égalité, Fraternité ou la Mort*; mais ce dernier mot semblait avoir été effacé; il trouva que c'était le seul qu'on eût dû conserver, attendu que de ces quatre choses là, il n'y avait réellement que la mort qui existât dans Persépolis et toute la Perse. Une autre inscription lui parut le comble de la démence; au-dessus d'un temple saint, on avait écrit : *Le Peuple Persan re-*

connaît

connaît l'Être suprême et l'immortalité de l'ame ; et le temple était rempli d'huile et de farine, et on l'avait dédié à la Raison ! Aux petites-maisons, dit Babouc, ou plutôt dans le fond du Tartare ceux qui ont dédié le temple, et fait l'inscription !

En passant, il fut curieux de compter un peu le nombre des prisons qui, depuis la prise du fameux Bastion, couvrait presque en entier le sol de la liberté. Ensuite il alla visiter quelques hôpitaux, où quiconque, lui dit-on, avait le malheur ou, si l'on veut, le bonheur d'entrer, était sûr de n'en plus jamais sortir. C'était-là que l'Envoyé d'Ituriel devait venir pour considérer à son aise toute la barbarie et la misère de la Perse ! Cet asyle n'était rempli que de rentiers, de gens jadis à mille dariques, plus ou moins de revenu. On lui apprit que la nation, inexorable dans ses principes, s'était emparée de tous les revenus des hôpitaux, et que pas un agioteur, pas un de ces exécrables Emirs, qui venaient de s'approprier les plus belles dépouilles de la *liste civile persanne*, n'enverrait le plus léger secours à l'hôpital, pour soulager l'être infortuné qu'il a pourtant lui-même conduit là ! O corruption des mœurs, s'écria Babouc ! il n'est plus possible de sauver Persépolis.

E

Il fut témoin, dans la rue, de la manière impie et révoltante avec laquelle les Persans se débarrassaient aujourd'hui des restes sacrés d'un père, d'une mère et d'un ami. Quoi, dit Babouc, pas une seule ame pour assister aux funérailles ! homme pervers, fils dénaturé, tu ne veux donc plus arroser de larmes la tombe de ceux qui t'avaient donné le jour? Dis-moi, barbare, quelle main désormais pourra fermer ta paupière ? Va, monstre, chez les antropophages recevoir les premières leçons de l'humanité. Babouc suivit le corps, aida lui-même à poser le cercueil, et vengea, par sa piété, sa douleur et son respect pour les morts, la nature trop outragée en Perse.

L'Officier public, qui avait fait la cérémonie, lui dit que les morts étaient insultés jusques dans leurs tombeaux, qu'on arrachait les linceuils, et qu'on brisait ensuite le cercueil pour s'emparer des planches, et des clous qui appartenaient aux défunts. Il faut, ajouta-t-il, que l'homme en naissant soit privé actuellement de l'onde symbolique, et qu'à sa mort il n'ait plus de sépulture : naître, vivre et mourir comme un chien, c'est le premier article de la constitution persanne. On a rompu tous les liens qui nous tenaient attachés à la société. On a peur que nous soyons heureux

dans l'autre monde ; et pour ôter toute ombre
d'espoir dans celui-ci, on a supprimé jusqu'aux
loteries. Il n'y a plus ni foi, ni loi, ni parens,
ni amis.

Pour moi, continua l'Officier public, j'a-
voue que j'éprouve un vide affreux. Il me
semble que depuis sept ans tout est mort dans
la nature. Accoutumé dès l'enfance au culte de
mes pères, c'était pour moi une jouissance que
d'aller prier tous les sept jours dans nos temples
avec les vrais croyans. Le chant des hymnes
remplissait mon ame d'une sainte volupté. Nos
rites, nos cérémonies fixaient mon œil attentif.
Je n'ai jamais été fort porté en général pour les
anachorètes, et cependant rien ne me paraît si
nud que de ne plus rencontrer sur mes pas une
seule petite maison de derviches. Il me semble
à chaque instant que j'aurais un plaisir unique
à m'en aller méditer dans un vaste cloître. J'y
verrais de pieux cénobites, et peut-être aurais-
je l'avantage d'y déterrer quelque manuscrit
précieux. Tout dans la religion, jusqu'aux os
des morts qu'on avait rangés, parlait à mon
ame sensible. Que de larmes délicieuses me
fesait verser tous les ans la procession du grand
jour de la fête d'Orosmade ! Oui, je redeman-
derai tant que je vivrai ces belles assemblées
d'été, où le peuple, rayonnant de joie, venait

invoquer le bienheureux ou la bienheureuse de l'endroit. Il s'en retournait enchanté, et n'a jamais regretté l'offrande qu'il avait laissée. Comparez maintenant les fêtes dont je vous parle avec celles de l'assemblée persépolienne.

Oh ! pourquoi suis-je né dans ces jours de malédiction ! Je voudrais, dit l'Officier public, être à la place du mort que nous venons d'enterrer. Hélas ! comme lui, je n'aurai personne pour accompagner mon cadavre. Pas une seule larme ne sera versée sur ma tombe. On violera aussi ma sépulture, et mes misérables enfans se réjouiront alors de n'avoir plus de père. Ils étaient bons, soumis, la révolution les a rendu dénaturés ; à l'exception du plus jeune que la réquisition vint arracher entre mes bras. J'ai appris que ce cher enfant était mort dans un hôpital ambulant, faute de secours de la part des chirurgiens, qui disaient qu'on aurait dû le fusiller, il y a long-tems, parce qu'il était *Muscadin* et que son père était *Magicrate*. Son frère, qui de Mage s'est fait Talmouck, après avoir abjuré, malgré ses sermens, et s'être allié criminellement à une *Faquiresse*, a voulu, pendant le règne de la terreur, me faire couper le cou : on l'a nommé général à cause de cela. Veuf depuis plusieurs années , accablé de chagrin , je me suis remarié à une fille nue comme la main. Le ciel me bénira , disais-je , de faire la fortune d'une personne vertueuse... .Maudite *Barre* ! où elle alla toute en pleurs présenter une *pétition* , afin de sauver les jours de son malheureux père qu'un des comités tortion- naires poursuivait avidement ; ... toi seule as perdu mon épouse ! Un scélérat d'Émir l'ayant lorgnée , lui envoya dire par un huissier ou messager tout *bariolé* , qu'il se chargerait de son affaire : bref , il a séduit ma femme , en lui promettant la grace de son père ; et son père le lendemain expira sur la place du Chaos ! Depuis ce moment-là , devenue aussi scélérate que l'Émir , ma Sultane a profité de la loi du divorce pour m'enlever net la moitié de mon bien. Trois maris ont été successivement sa dupe. Elle paraît aujourd'hui s'être fixée avec un nommé Bessus , grand *canaillocrate* , et chez qui se rassemble presque tous les jours , ce qu'il y a de plus impur parmi les faquirs. Vous le connaissez : il de- meure *dans sa belle maison* , *rue du Chaos,* *à Persépolis* , ainsi qu'il donne son adresse à tout le monde. Je sais , répondit Babouc , que Quinte-Curce parle d'un Bessus qui as- sassina Darius , et que les Persans ont été chercher exprès le nom de tous les meurtriers ; mais je suis étranger, et ne connais point votre Bessus. Il faudra que vous alliez voir son *Cabinet*, repartit l'Officier public. Enfin, pour vous achever mon histoire, ma fille, qui n'a pas encore seize ans, a déja sucé le lait de la révolution. D'honnêtes-gens lui ont suggéré que je n'ai plus de droit sur elle, et que la chose publique lui permet de se retirer à quatre pas de la maison paternelle, en chambre garnie, pour y faire ce que bon lui semblera, aux termes précis des *maximes de l'homme*. Voilà, *seigneur*, les fruits de la nouvelle liberté ! plus de religion, l'oubli des mœurs et l'ingratitude la plus noire envers ceux qui nous ont donné le jour : les domestiques, les ouvriers n'ont plus de respect pour leurs maîtres ; c'est absolument le monde renversé.

Le devoir de l'Officier l'appellait à une autre inhumation ; il quitta donc Babouc, et le laissa se livrer à toutes les réflexions qu'un pareil entretien devait faire naître.

Ah ! quel horrible pays, s'écria Babouc ! et que les Persans sont méchans ! Mais quelle est leur intention ? et, sans foi ni loi, que prétendent-ils devenir ? Il marcha long-tems plongé dans une profonde douleur, jusqu'à ce qu'enfin il se trouva au milieu d'une foule qui bordait une boutique de boulanger d'un côté et celle d'un boucher de l'autre. Les femmes se mirent en colère, et crurent qu'il avait envie d'entrer malgré elles, pour prendre bien vîte ses trois quarterons de maïs et sa demi-livre de vache pour dix jours. En conséquence, elles le saisirent par les deux épaules, et le plantèrent dans le ruisseau, tout le dernier à la file, afin qu'il attendît là patiemment son tour. Elles sautaient de joie, et marmotaient entre elles que s'il n'avait pas sa carte au maïs et à la vache, il aurait *brenique*, et qu'il mourrait de faim tout-à-fait. *Vive la chose publique*, dit une bavarde ! *on ne passe plus aujourd'hui la nuit à la porte du boulanger pour avoir les deux onces de maïs et la petite cuillérée de riz ; ils ont la générosité de donner les trois quarterons, et de ne faire perdre qu'une demi-journée. Les greniers et les magasins regorgent de tout : il n'y a que ceux qui ont du papier qui doivent jeûner.*

Quand Babouc eut vu de quoi il s'agissait, il plaignit le sort de ces femmes, et donna par compassion quelques dariques aux malheureuses qui étaient grosses. Il n'était pas très-éloigné de la Halle, il s'avança pour s'informer du prix des denrées, et en même tems pour savoir le sujet de tout le tumulte qui s'élevait. *C'est le plus saint des devoirs*, criaient les Faquirs *; Soldats, mettez-vous en insurrection ! . . . . allons, mes amis, le jour de gloire est arrivé !. . . entrons dans toutes les boutiques . . . pillons. . . . massacrons tous ces coquins-là, puisqu'ils ont l'audace de ne pas vouloir recevoir au pair un nouveau papier qui perd déja* 95 *pour* 100.

Le marché, en moins d'un quart-d'heure, fut pillé, malgré les instances et les remontrances de Babouc, qui ne put sauver qu'une douzaine de choux avec quelques bottes de carottes. Il étoit si indigné, si courroucé, qu'il fut tenté de retourner vers l'ange Ituriel, pour demander définitivement la destruction de Persépolis.

A quelques pas de là, Babouc s'arrêta dans la même boutique où il avait laissé sa bourse (1), il y a trente ans. Il demanda ce qu'était devenu le maître de la maison ; on lui dit que le *maximum*, les *réquisitions*, les *patentes* et les *inscriptions au grand livre*, l'avaient fait périr de chagrin. Je ne marchanderai point de futilités, dit Babouc, aucune chose de caprice, parceque je me souviens de la

______

(1) Voyez *Vision de Babouc*, par Voltaire.

(73)

petite leçon de votre prédécesseur (1) à ce
sujet. Je ne disputerai pas sur le prix du sucre
et du café, que la guerre a pu faire doubler
comme denrées coloniales; mais les productions
du pays, le savon, l'huile, la chandelle, le
pain et tous les objets de première nécessité,
pourquoi vouloir vendre tout cela un tiers au
moins plus cher qu'autrefois ? Est-ce à cause
de la rareté du numéraire ?

Le Marchand lui donna mille raisons; la
première c'était la grande suppression des *maî-
trises*; ensuite que tous les Persans à l'envi
s'étaient faits fripiers, épiciers et vendeurs sur-
tout de comestibles; qu'une étoffe, un meuble,
un pâté, ou une barique de vin, passant avant
huit jours dans plus de soixante mille mains,
devaient finir par coûter des sommes exorbi-
tantes; que l'habitude de compter par millions
en papier avait enflammé la cupidité au point
de faire croire qu'il n'était question que de
demander de l'argent; que le comité des finances persannes s'entendait à merveille avec
les coquins qui lui graissaient la patte pour
faire monter les choses à un prix fou; tantôt
par la démonétisation du papier; tantôt par
l'altération des monnaies, ou par quelque

____

(1) Voyez *Vision de Babouc*, par Voltaire.

autre friponnerie encore plus grande ; que d'ailleurs les marchands pouvaient surfaire à plaisir, parcequ'ils étaient assurés d'être toujours pris au mot par tous les nouveaux Rajas ou Omrahs de la chose publique, auxquels l'argent ne coûtait rien.

Mais ceux qui ne vendent pas, dit Babouc, comment font-ils ? Oh ! répondit le Marchand, ils ne sont pas à plaindre : fiez-vous à leur industrie. La plupart ont eu à crédit dans le bon tems pour cinquante ou soixante mille scudis de marchandises, qu'ils ont remboursés avec cinq ou six dariques d'or ; et peuvent se retirer, toutes fois et quantes, à la campagne sur la ferme qu'ils ont escamotée à quelque malheureux propriétaire, par le moyen toujours du remboursement, ou d'une rente viagère qu'ils ont la hardiesse de payer en papier, valeur nominale.

Oh ! quelle indignité, reprit Babouc ! quel vol manifeste ! Ils disent, répliqua le Marchand, que la loi les autorise à être des fripons, et qu'ils en profitent. Au reste, personne dans ce pays-ci n'a plus de dettes ; ce sont les débiteurs à leur tour qui poursuivent leurs créanciers pour les forcer à recevoir. Il y a des usuriers qui font des contorsions effroyables ; mais ceux-là ont bien ce qu'ils méritent : ils avaient tant volé ; que nonobstant l'énorme réduction, ils retrouvent encore leur capital. Il suit de tout cela, dit le Marchand, qu'on ne ferait pas crédit d'une obole aujourd'hui, que le commerce est anéanti, et que l'agiotage dévore tout.

Il paraît, reprit Babouc, que vous ressemblez aux membres de la *portion* qui m'ont délivré ma *carte*, que vous n'aimez pas trop la révolution persanne : savez-vous que cela n'est pas bien ? A moins que d'être un scélérat, repartit le Marchand, qui pourrait l'aimer ? ils ont tout renversé pour le plaisir de renverser. On ne reconnaît plus rien, avec leurs *mois* qu'ils ont changés, leurs *Dixaines* (1), leurs *poids* et leurs *mesures*. Je voudrais que ceux qui ont fait la révolution persanne fussent au fond de l'Araxe. Nous avons cependant notre voisin qui en est très-partisan. Il dit qu'on ne le regardait pas autrefois, parcequ'il était né dans la fange, que chacun le méprisait à cause de ses mœurs, et parcequ'il était fripon ; que dans ce moment-ci, on ne fait plus attention

____

(1) Pour mieux singer les Romains, les Persans avaient troqué leurs semaines contre des dixaines ou décades. Babouc aimait mieux les décades de Tite-Live que tout cela.

à cela , qu'il a été nommé *Electeur* , Émir , et qu'il gagne tout ce qu'il veut.

En parlant des amis de la révolution , il faut que je vous fasse rire , continua le Marchand. Je défie qu'on en trouve un plus ardent , plus terrible , que le cordonnier capitaine de notre première compagnie ; mais c'est la révolution telle que la révolution qu'il veut : le sang à grands flots , tous les châteaux brûlés , la loi agraire , ou sans cela , rien du tout. Il aime tant les faquirs , le gouvernement tortionnaire , la liberté et l'égalité , qu'il porte continuellement à sa boutonnière un petit bonnet gros comme le pouce , et sur sa tête un double bonnet qui devient rouge avec les vrais *canaillocrates* du 31 *des Fleurs* , et gris avec le parti contraire , au moyen d'un léger revirement qui se fait en un tour de main. Il n'irait pas se coucher sans avoir sur lui le grand diplôme et la petite carte de la société mère , et sur-tout le précieux cer-tificat de *canaillocratie* , signé de tous les membres qui depuis ont perdu la tête à la fa-meuse journée du neuf , quand la commune de Persépolis voulut l'emporter sur l'assemblée persépolienne , comme il appert par tous les procès-verbaux et les gazettes de ce tems-là. Le pauvre diable pleure jour et nuit la mort de son

Dictateur , et croit fermement que lui cordonnier a été exprès jetté en Perse pour exterminer
la race des Sophis et celle des magicrates ; être
capitaine de la première compagnie, *juré* au
grand tribunal et ne pas savoir lire ; passer
d'un *sophiaume* où il a fait beaucoup de souliers et gagné beaucoup de numéraire dans une
chose publique de laquelle il n'a pas la moindre
idée, où il n'a presque plus d'ouvrage et mange
chaque jour les belles dariques d'or qu'il avait
amassées dans le tems de l'esclavage et du des-
potisme *sophial*. Si cet homme, ajouta le
Marchand , n'eût pas donné un peu à gauche
à l'époque du neuf , il serait quelque chose
aujourd'hui à l'assemblée persépolienne , vu la
bonté et la solidité de ses principes ; mais il est
probable qu'il aura eu la démangeaison de se
fourrer cette nuit dans l'affaire du camp , et je
ne serais pas surpris que, par politique , on le
laissât fusiller lui et quelques autres.

Babouc répondit au Marchand que ce cor-
donnier-là était un gredin qui aurait dû toujours faire des souliers, et ne jamais se mêler
de la chose publique ni d'aucune autre espèce
de gouvernement.

Le Marchand lui raconta plusieurs traits
d'un autre genre, exprès pour lui faire sentir
le mal que fesaient tous les braves sans-culottes,

ainsi que les beaux *peroreurs* , et ces honnêtes gens qui aiment tant la révolution.

Croyez-vous , lui dit Babouc , qu'un homme qui par hazard oublierait sa bourse chez un marchand tant soit peu connu , pourrait être certain qu'on la lui rapporterait une heure après, ainsi que la chose est arrivée jadis à quelqu'un de ma connaissance ? Si c'était un porte-feuille , répondit le Marchand , dans lequel il n'y aurait que des *petits billets* , une *procuration* , une *carte-d'habitant* , on se piquerait peut-être de délicatesse ; mais pour une bourse pleine d'or , je ne conseillerais pas d'en faire l'essai. Quand vous tiendrez la vôtre , prenez bien garde aux distractions ; car je puis vous assurer que les marchands n'ont plus de bonne foi ; ils trompent généralement sur tout ce qu'ils vendent , et si cela continue , on nous verra bientôt aller attendre les passans sur le grand chemin.

Par honnêteté , Babouc fit une légère emplette , et sortit de laboutique du Marchand pour se rendre en droite ligne à l'assemblée persépolienne.

* *
* *
* *

Babouc voulut entrer de bonne heure , afin

d'être bien placé. L'idée qu'il s'était faite du lieu et de la majesté du Sénat avait singulièrement aiguillonné sa curiosité : il attendait tout des sept cents cinquante Emirs qui s'étaient chargés de la Perse. Il commença par aller chez les Cinq-cents. La salle lui déplut : il aurait parié, et il ne se trompait pas, qu'elle devait pécher contre les lois de l'optique et de l'acoustique ; deux choses impardonnables dans un sanctuaire comme celui-là, où l'on ne peut jamais y voir trop clair et trop bien entendre.

La séance est ouverte, et Babouc demande où sont les législateurs. On lui fit remarquer les *écharpes*. Il aurait préféré la robe longue, la chevelure flottante, parcequ'il savait que tout ce qui parle aux yeux du vulgaire en impose davantage ; mais il savait que ce n'est ni la robe, ni la chevelure qui font, comme on dit, le mérite, et que d'ailleurs la tête des Persans doit être rasée.

La lecture du procès-verbal de la veille le fit bâiller. Il était fâché que l'on perdît autant de tems à lire, et qu'on cherchât encore à alonger, en chicanant, en vérité, pour des vétilles. La séance devait être des plus intéressantes ; car il s'agissait, ce jour-là, de parler sur les finances, sur les moyens de détruire l'agiotage, et de faire vivre à-peu-près vingt-trois, ou vingt-quatre millions d'individus : il était question en même tems de discuter, s'il n'était pas plus juste, ou plus politique, de laisser pourrir en prison les Mages infirmes et octogénaires qui, par probité, délicatesse de conscience, s'étaient éloignés du serment, que de les laisser vivre en paix dans leurs foyers, tant qu'ils ne troubleraient pas l'ordre ; vu qu'on en avait déja noyé une bonne partie ; et si, parce qu'un homme ou une femme avait fait la sottise de *disparaître*, et d'aller mourir de faim en pays étranger, la famille, à cause de cela, devait être privée de la succession, et se trouver réduite elle-même à la mendicité, attendu que les fautes sont personnelles, et que dans une chose publique personne ne doit mendier. Une chose des plus importantes encore était de savoir si l'on maintiendrait, oui ou non, la fameuse loi du 3 *Brouillard*, qui ôtait au peuple un peu de sa souveraineté ; mais qui raffermissait bien le crédit du parti le plus malin : il y avait aussi *un prêt forcé* à proposer sur ceux qui n'avaient plus rien ; et l'on devait raisonner sur la liberté indéfinie de faire des brochures.

Avant que les Orateurs *pour* et *contre*

eussent

eussent été entendus , Babouc qui avait lu le
grand papier universel , regarda de tous côtés
pour distinguer *la colline* d'avec *la prairie* ;
mais tout était mêlé , tout était réuni. Quoi
qu'il en soit, il reconnut bien vîte les Faquirs
à leur mine conspiratrice, et à leur manière
de se ranger en bataille : il crut qu'ils se tue-
raient entre eux pour avoir *la tribune*. Le
premier qui s'en rendit maître, prouva que
les finances de la Perse n'étaient pas, à
beaucoup près, aussi délabrées que la malveil-
lance cherchait à le répandre ; qu'il n'y avait
que la *mag'cratie* et le *sophialisme* qui pouvaient se plaindre et avoir faim ; que l'on n'é-
tait pas épuisé tout-à-fait ; que la Perse était
inépuisable , et qu'elle était dans le cas de faire
face, non-seulement à toute l'Asie, mais à tout
l'univers ; pourvu que l'Assemblée persépolienne , 1.° eût la force de tenir bon sur la
loi du 3 *Brouillard* , dont le rapport mettait la
colline à deux doigts de sa perte ; 2.° que sans
se former en comité général et secret , elle voulût se défaire (n'importe comment) de tous les
vieux mages qui, par leurs prières inutiles et leurs
manœuvres impuissantes, cherchaient à *para-
lyser* (pour ne pas dire renverser) la chose publique ; qu'il ne s'étendrait pas sur les mages ,
parcéqu'on ne reconnaissait plus de religion ;

F

que les Mages étaient de simples *habitans*
comme les autres ; que le plus court était de les
tenir cloués pour toujours entre quatre murailles,
et de séquestrer leurs biens , s'ils en avaient ;
que les Mages qui avaient été noyés , étaient la
cause de la disette factice , de la cherté des
vivres , et de tous les troubles qu'on éprouvait,
et même de ce qui venait de se passer au camp
pendant la nuit ; 3.° enfin que l'assemblée persépolienne , dans sa sagesse, daignât mettre
seulement , pour commencer, un *prêt forcé* sur
tout le monde en général , seul moyen de
faire refluer l'impôt sur tous ces ex-fortunés,
ces êtres abominables qui jouissaient autrefois
aux dépens du peuple , et qui aujourd'hui se
disaient ruinés ; que par la suite , il serait
encore plus facile de se retourner, en fouil-
lant définitivement dans tous les coffres des
particuliers , et en s'emparant , bon gré , malgré, de tous les objets de luxe que la mollesse et la
corruption des mœurs avaient introduits jusques
sur les tables les moins brillantes ; tandis que
Lycurgue , Solon , Brutus mangeaient très-cer-
tainement avec des cuillers et des fourchettes
de fer , et que Diogènes , le premier des
sans-culottes , le brave Diogènes , buvait dans
le creux de sa main ; que par conséquent, il
n'y avait pas le moindre doute que le bien

des *disparus* n'appartînt de droit et de fait à la chose publique persanne , et que les parens des *disparus* devaient se trouver trop heureux de ce qu'on voulût bien leur permettre de respirer l'air pur du sol de la liberté ; que non-seulement il était juste de priver les familles de leur héritage , mais même de se jetter sur tous les biens que les parens les plus éloignés et les amis d'un *disparu* peuvent avoir ; afin que la chose publique persanne ayant pris tout ce qui lui conviendrait, fût en état de partager le surplus à tous les vrais amis de la liberté et de l'égalité ; mais que depuis le 9 *Brûlant* , l'assemblée persépolienne favorisait trop les *magicrates* et les *sophialistes* pour prendre des mesures vigoureuses et qui pourraient sauver la patrie; que c'était avec une sombre douleur, un désespoir déchirant , qu'il voyait la contre-révolution persanne s'opérer chaque jour ; mais que les ennemis de la chose publique devaient trembler , qu'ils trouveraient en lui un *Brutus* , ou qu'il saurait périr glorieusement comme *Currierès* , *Ravaillacès* et *Damianès.*

L'Orateur termina son discours par une digression très-longue sur tous les bonnets de la liberté , en donnant la description de leur forme , de leur couleur , de leur largeur et même de leur profondeur, depuis l'origine des bonnets jusqu'au jour où les Persans eurent le bonheur de s'en couvrir la tête : et il finit par démontrer que l'agiotage, tout dangereux qu'on le croyait, était utile, puisqu'il faisait vivre tous ceux qui s'étaient remués dans la révolution, et mourir ceux qui se tenaient tranquilles ; que peu-à-peu l'agiotage s'éteindrait de lui-même.... Il finit, enfin, par conclure qu'il ne se montrait pas très-ouvertement opposé à la liberté indéfinie de faire des brochures, motivé sur ce que, dans une chose publique du premier ordre, il devait être assez permis de tout dire et de tout faire.

O l'infame logique ! l'exécrable Faquir, s'écria Babouc ! pendant ce temps-là, il vit l'heure que toutes les *loges* allaient s'écrouler à force d'applaudissemens ; on demanda l'impression et l'envoi du discours à toute la Perse, ce qui passa à une très-grande majorité. Les *loges* voyant que Babouc fronçait le sourcil, disaient à basse-note, il faut que ce soit un *choens* ; oui, c'est un *choens*, à bas le *choens* ! mais un regard terrible de Babouc les fit rentrer toutes dans le devoir, dont elles n'auraient pas dû s'écarter. Alors le chef des Emirs se leva et fit aux *loges*, avec douceur , une petite semonce pour leur faire sentir que c'était malhonnête , et qu'on ne devait pas applaudir des *Représentans* comme on applaudirait une troupe de comé-diens ou de farceurs.

D'autres Orateurs se préparaient à répondre; mais ils furent obligés d'attendre , pour écouter la grande nouvelle qui annonçait que l'armée indienne venait d'être taillée en piéces du côté de la plaine de Sennaar , que trois redoutes avaient été prises , que l'on s'était emparé de tous les canons , et qu'on avait tué vingt-cinq mille ennemis ; tandis que l'armée persanne , dans cette occasion, n'avait pas perdu un seul homme , ne comptait pas même un blessé , à l'exception (chose inouïe!) d'un Talmouck , ou d'un Chasseur , qui avait eu le petit doigt em-porté par une couple de boulets ramés. La nouvelle contenait bien d'autres victoires , et fesait espérer que bientôt le Turc, la Tartarie et les autres puissances n'existeraient plus. Tous, les turbans alors volèrent dans la salle , et il fut arrêté , dans la chaleur de l'enthousiasme , que toutes les armées persannes , et notamment celle de la plaine de Sennaar , n'avaient pas cessé une minute de bien mériter de l'assemblée per-sépolienne ; qu'en conséquence une fête digne de tant de triomphes serait célébrée au Champ-de-Bellonne, et que mention honorable du tout serait consignée exprès dans un bulletin, pour être envoyé tout de suite en poste à toutes les armées.

Mais, dit Babouc, j'étais du côté de Sénnaar, et j'ai vu l'attaque de mes propres yeux. L'ennemi n'a eu presque personne de tué : ce sont les Persans au contraire qui ont été hachés, sacrifiés : on leur a fait prendre trois redoutes pour perdre vingt-cinq mille hommes ! Il se douta qu'il ne fallait rien dire, et que la sagesse du gouvernement dans une pareille circonstance était au-dessus de toutes réflexions et de toute critique.

On reprit la discussion qui avait été interrompue par l'arrivée de la grande nouvelle, et un des orateurs de *la prairie* commença par prouver en peu de mots que tout ce que le faquir son collègue venait de débiter n'avait pas le sens commun, et était contraire à tous les principes ; que si la chose publique persanne ne pouvait s'affermir que par injustices sur injustices, crimes sur crimes, il vaudrait mieux, pour l'honneur de la Perse et celui de tous les Émirs en général et en particulier qu'elle n'eût jamais existé ; mais que la chose publique heureusement pouvait sans doute se trouver une fois dans la vie d'accord avec la justice et l'humanité ; que c'était même les seules bases sur lesquelles elle devait s'asseoir, si elle voulait un peu se soutenir. Ensuite il tomba sur la loi du 3 *Brouillard*, comme attentatoire à la liberté des élections, dit des choses d'or pour la faire rapporter, et dans une légère sortie contre la journée du 13 *Vendange*, prouva mathématiquement qu'il n'y avait point eu de conspiration ce jour-là, et même pendant tout ce mois-là. Il plaida la cause des Mages avec chaleur, prit la défense des familles qui n'étaient pas responsables de l'étourderie d'un *disparu*, se déchaîna contre l'agiotage, fit valoir l'injustice manifeste d'un *prêt forcé* qui acheverait de ruiner tout le monde, en retombant particulièrement sur la classe la plus infortunée ; se déclara, comme bien l'on pense, pour la liberté indéfinie de faire des brochures, et parla avec tant de vérité, tant d'onction sur les finances, avoua si franchement la misère des Persans, que les loges, quoique soudoyées par le parti *faquiriste*, ne purent s'empêcher de crier *bravo*, malgré elles ; ce qui fit arrêter sur-le-champ et conduire en prison deux ou trois bons *habitans* qui ronflaient depuis l'ouverture de la séance. Babouc, au moins, fut content du discours.

Il applaudit un instant à l'assemblée persépolienne, et trouva qu'une chose publ que qui
serait composée de tous Émirs semblables à
celui-là, vaudrait presque celle de Platon.
Mais l'orateur était interrompu à chaque
phrase par les faquirs qui demandaient en
hurlant, ou en vociférant : *La question préa-
lable, le renvoi, l'appel nominal*, ou qui
achevaient de tout embrouiller par des *motions
d'ordre*, et en criant de toutes parts : *aux
voix ! et qu'on ferme la discussion*. De là
manière dont ils s'escrimaient, Babouc s'imagina que pour former l'assemblée persépolienne, on avait été exprès ramasser tous
les procureurs et les maîtres-d'armes de la
Perse.

Le chef des Émirs qui était toujours resté
debout, fut obligé dans une conjoncture aussi
pénible, aussi délicate, de s'asseoir et de se
couvrir vingt fois ; (ce qui dans la langue
persanne veut dire mettre son turban sur sa
tête) mais cette recette infaillible pour ramener
le silence, demeura sans effet ; et les *habituées*
les plus assidues, celles qui tricotaient annuel-
lement dans les *loges*, avouèrent elles-mêmes
qu'il ne s'était pas encore passé une séance
plus orageuse depuis que la chose publique
était chose publique. Le chef des Émirs cassa

sa sonnette en vingt morceaux. Inutilement *la Prairie* implora, au nom de la justice et de l'humanité, la mise en liberté sur-le-champ de tous les mages, et réclama, au nom de la raison et de l'équité, le rapport de la loi du 3 Brouillard; ces deux objets furent ajournés afin d'être mieux combattus encore, s'il était possible; inutilement elle essaya de faire rejetter *le Prêt forcé*, tâcha de faire rendre à César ce qui appartenait à César, l'assemblée persépolienne ne voulut rien entendre, rien accorder; et, sur la motion d'un de ses membres, elle passa rapidement à l'ordre du jour (ce qui, dans la langue persanne, veut dire, être inexorable et ferme comme un roc,) sur toutes les prières, les supplications et les observations qu'on pouvait lui faire, et prononça au gré de *la colline*, qui riait entre ses dents, et narguait *la prairie* par mille grimaces les plus indécentes. Celle-ci cependant obtint la petite faveur de la liberté de faire des brochures, et encore eut-elle bien du mal à l'arracher.

Le calme était rétabli, et l'assemblée, sans s'égorger, pouvait tranquillement se retirer pour aller dîner; tout-à-coup s'élève un murmure sourd, avant-coureur de la plus horrible scène, de la scène la plus deshonorante, qui se soit jamais passée là : qu'était-ce ? le dépit et la colère de voir une jeune sultane s'avancer avec toute la dignité que lui donnait le bon droit de sa cause, pour redemander *à la barre* le bien de sa mère, dont un Émir l'avait indignement spoliée. Ma mère, dit-elle avec une simplicité noble et touchante, est morte avant la révolution. J'étais dans une pension éloignée. *Abolinès* (car c'est le nom du spoliateur) a profité de cela dans mon pays, pour me faire porter sur la *liste des disparus*, mettre mes terres en vente avec précipitation, les soumissionner lui-même, et se les faire adjuger pour quinze mille scudis en papier, tandis qu'elles en valaient plus de soixante mille, espèces sonnantes. Les certificats de résidence exigés par la loi, ajouta-t-elle, toutes les piéces justificatives comme je n'ai jamais quitté une minute le territoire persan, sent ici à l'appui de ma demande : l'assemblée persépolienne n'a donc plus qu'à prononcer. C'est juste, dit Babouc ; on ne peut pas mieux parler, mieux s'exprimer, et la sultane doit ravoir ses terres, l'Émir être chassé du sénat, et condamné en outre à vingt ans de fers comme un infame prévaricateur, un insigne voleur qu'il est.

On veut faire *la contre-révolution*, s'écria le Faquir qui tenait les terres !... les délais sont expirés. . . . Pourquoi n'avoir pas réclamé dans le tems ? . . . Le savais-je, puisque j'étais en pension, reprit la jeune Sultane ? . . . Elle est bien *disparue*, repliqua l'homme retors ; . . . qu'on arrête cette *habitante*, . . . à moi toute *la colline* !

Nous serons les protecteurs de l'innocence opprimée, repartit vigoureusement *la Prairie*. . . . Au même instant, Baboue vit toute la salle hérissée de cannes, de poignards et de pistolets. Quel tableau ! quel spectacle pour celui qui mettait tout son espoir dans l'assemblée persépolienne ! . . . Courage ! s'écria-t-il, en se rappellant avec effroi la réponse du mage caché toujours derrière le rideau, *voilà les vers qui s'agitent sur le cadavre* ! Ah ! que ne peuvent-ils se dévorer tout de suite comme les scorpions qu'une des pratiques du perruquier avait mis dans un grand bocal ! Le ciel permit cependant qu'il n'y eût que des coups de poingt et quelques coups de canne donnés de part et d'autre. Les Faquirs écumaient de rage : ils s'étaient ralliés par pelotons. Le chef des Émirs n'avait plus de sonnette. Il suait sang et eau, frappait du pied, battait des mains, se jettait dans son fauteuil, les rappelait tous séparément à l'ordre, et par leur nom, en les menaçant d'une voix de Stentor, de les envoyer coucher tous

à la Bonzerie (1) pour trois jours : vain
palliatif! efforts superflus! on se battrait encore, s'il n'eût pas essayé peut-être machinalement de se *couvrir* pour la dernière fois.
Alors le silence le plus profond régna soudain.
Chacun reprit sa place ; et après une verte
mercuriale, telle qu'ils la méritaient, du chef qui
les fit souvenir, en pleurant, que toute l'Asie
avait les yeux ouverts sur eux, et qu'est-ce
que diraient les *Envoyés* de la grande Tartarie, qui venaient d'arriver, l'assemblée persépolienne passa à l'ordre du jour, sans inviter
seulement la *Pétitionnaire* aux honneurs du
reste de la séance ; (c'est-à-dire en langue
persanne à s'asseoir quelques minutes sur un
banc fait exprès, et s'en aller ensuite si l'on
veut) ce qui après avoir dépouillé quelqu'un
de ses terres, était la plus grande insulte
qu'on pût ajouter. L'aimable Sultane fondait
en larmes. En entrant, elle n'avait déja que
trop lu son arrêt. Elle se retira en les accablant tous de malédictions, de la part de la
race actuelle et de toutes les races à venir. On
voulait la faire arrêter ; mais un membre ob-
serva qu'on n'avait point encore touché à l'an-

---

(1) *La Bonzerie* à Persépolis est une prison comme
qui dirait *l'Abbaye* à Paris.

tienne loi qui accordait au *ci-devant* palais
vingt-quatre heures pour maudire ses juges. La
séance fut levée en riant ; on s'embrassa ; on
jura *simultanément* de conserver la chose publique jusqu'à la mort ; et tous les législateurs
partirent comme un éclair. En les regardant
défiler, Babouc disait : La prophétie de l'ex-
Mage doit-elle donc s'accomplir ? et faudra-t-il
absolument que Persépolis soit détruite ?

* *

* *

Au sortir de l'assemblée persépolienne,
Babouc entra au palais sophial, pour se
délasser. Que de changemens ! et qu'il trouva
mesquin, petit cette espèce d'univers où tout
se voit réuni, excepté le goût, la raison et
la décence ! Quoi, s'écria-t-il, leur main
sacrilége s'est étendue jusques sur leur plus
belle promenade ? On lui dit que cet ouvrage
avait été construit avant la révolution. Tant
pis, répliqua Babouc, j'en suis fâché pour
le tems passé. Comme il regretta cette belle
perspective, ce point d'optique enchanteur
que l'on découvrait sous l'ancienne et magnifique allée ! Comme il murmura de ne pouvoir plus respirer le frais sous ces arbres si
hauts et si touffus !

Babouc visita toutes les boutiques, fit le tour

des Galeries et traversa plusieurs fois l'arêne. Il crut que tout était conjuré contre lui. On lui demandait tout bas s'il *avait des dariques à vendre*. Les filles voulaient absolument qu'il achetât de la pommade chez elles, et qu'ensuite il montât à *l'entresol*, ou au moins qu'il leur payât des glaces et des sorbets. Il ne voyait que baïonnettes et patrouilles passer, et tout le monde voler. Ce qui acheva de l'irriter fut de voir trois ou quatre grands coquins heurter, insulter les passans, et se permettre, en vertu de la liberté, d'arracher tous les collets et d'abattre toutes les tresses postiches qui étaient attachées aux turbans, d'après la nouvelle mode; pendant que d'autres coquins, le sabre à la main, répétaient chez plusieurs marchands la même scène qui s'était passée à la Halle.

Il se retirait, en maudissant ceux qui avaient fait abattre une si belle allée, lorsque le Vieillard, qui lui avait raconté l'histoire de la révolution, vint au-devant de lui. Comment, est-il possible, lui dit Babouc, que les honnêtes gens puissent jamais mettre les pieds ici ? Tout le monde, lui répondit le Vieillard, fait la même question, et tout le monde va au Palais Sophial. Les goûts les plus opposés, les factions les plus en guerre viennent pour s'y rencontrer nez à nez toute la journée. Vous ne croiriez pas, lui dit-il, que cet endroit, tel que vous le voyez, est peut-être l'unique cause de la révolution persanne, que lui seul a changé toute la Nation et rendu les Persépoliens si dangereux, si fripons, si égoïstes, si détestables : il n'a pas été bâti sans dessein.

Pour réussir à renverser le Gouvernement, il fallait d'abord commencer par anéantir les mœurs. Comme Persépolis était trop grande, et que les vices auraient pu s'y perdre dans la foule, on a eu recours à ce petit centre de corruption, où l'on savait bien que chacun viendrait puiser et se former sans y penser. En effet, continua le Vieillard, est-il rien de plus commode, de plus séducteur ? Le jeu vous offre là tout de suite vingt banques de *biribi* et de *trente-et-un*; l'escroc ses services et ses leçons ; le restaurateur ses mets empoisonnés ; le café ses liqueurs et un asyle fait pour la paresse et l'oisiveté ; la mode ses caprices et ses extravagances ; le luxe ses attraits les plus brillans ; la courtisanne son boudoir ou son sopha ; Melpomène, Thalie et Momus tous les jours leurs fêtes et leurs petits plaisirs ; de sorte que sans peine, on peut dans ce palais enchanté, vivre des mois et des années, être au sein de tout le monde et fuir tout le monde ; car à travers

les détours d'un pareil labyrinthe, il est si
facile de s'esquiver ! d'ailleurs l'esclandre en
ces lieux est une chose si ridicule, qu'un
père n'aurait pas le courage d'y attraper son
fils, et une mère sa fille ; c'est-là qu'on peut
en sureté braver les mœurs, et se moquer de ses
parens.

Quelle différence pourtant, dit le Vieillard !
La mère, autrefois pouvait y promener les
chastes attraits de sa fille. Pour entrer au
Palais Sophial, il fallait être honnête, il fallait être aimable ; le soir, en été, que de charmans concerts s'y donnaient ! on était sûr d'y
trouver, à toute heure, un ombrage frais.
Aujourd'hui on est obligé d'y avaler toute la
poussière. On y raccroche, on y vend des dariques, on y insulte, on y assomme : c'est un
tripot, un cloaque, une vraie caverne.

Afin de mieux faire remarquer l'horrible brigandage qui s'exerçait au Palais Sophial, le
Vieillard fit entrer Babouc de café en café,
sous les galeries, dans le milieu de l'arêne, sous
les voûtes, dans les cours et jusques dans les
caves. Tous ces gros *porte-feuilles*, dit-il, que
vous voyez remplis de billets rouges et de billets
noirs sont ceux qui vendent et achetent nos
dariques : ils sont les maîtres de vous faire
payer demain la livre de maïs et de viande dix

mille

mille scudis : ce sont les membres du comité de
nos finances ! ils se font apporter jusqu'à quatre
bols de punch à-la-fois, et prennent toutes les
glaces. Ils ne prêteraient pas un billet pour
aller dîner à tous ces malheureux rentiers qui
les regardent avec pitié. La plupart cependant
ont servi chez ces mêmes rentiers qui avaient
équipage, et qui n'ont pas actuellement de
souliers ; mais les domestiques en revanche
roulent carrosse.

Babouc témoigna au Vieillard l'envie
qu'il avait de causer avec quelques rentiers,
et de leur donner à dîner chez le meilleur
restaurateur du Palais-sophial. Le Vieillard
s'acquitta à merveille de la commission, et
Babouc en un instant se trouva à table au
milieu d'une compagnie assez nombreuse.
Il ne se lassait pas de regarder la richesse
du salon et d'admirer en-même-tems le con-
traste frappant de ces *Forts de la halle* qui
venaient gaspiller tous les mets, boire le
Madère, et s'essuyer la barbe avec les ser-
viettes damassées. Il apperçut beaucoup d'é-
trangers qui apportaient là leur numéraire,
et beaucoup d'Émirs qui mangeaient celui
de leurs *commettans*. Il vit aussi plusieurs
Satrapes des sept administrations qui se fesaient régaler par les agens, les fournisseurs

et les généraux de la chose publique persanne.

En dînant avec tous rentiers, Babouc s'attendait à beaucoup de plaintes, et à n'entendre parler, pendant tout le repas, que de *créances* sur les *disparus*, *d'inscriptions* au grand *livre*, et de *remboursemens* sans fin : ce sont les êtres qu'il trouva les plus raisonnables et les plus soumis. Ils lui dirent que l'homme sur la terre n'était point fait pour être heureux ; que l'on avait beau raisonner, beau chercher, on ne trouverait jamais un gouvernement à sa guise ; que le plus ancien était le meilleur, c'est-à dire le moins mauvais ; que ceux qui seraient à la tête arrangeraient toujours les choses pour eux et leurs créatures ; que par conséquent, moins il y aurait de gens à la tête, et moins mal ça irait : mais qu'ils ne disaient pas cela pour la chose publique persanne, où il devait y avoir nécessairement sept cents cinquante Émirs, lesquels sept cents cinquante Émirs devaient se diviser et subdiviser à l'infini, pour faire jouir le plus grand nombre de créatures possibles ; attendu que le peuple devait s'en trouver beaucoup mieux, et bien plus soulagé, puisqu'il se plaignait autrefois du trop grand nombre de favoris, qui vivaient, disait-il, à ses dépens.

Ils confessèrent à Babouc qu'ils avaient été trop riches, et que jamais, une seule fois dans leur vie, ils n'avaient su faire usage à propos de leur argent ; qu'un homme ne pouvant point mettre cinquante plats dans son estomac, et vider à son dessert cinquante bouteilles de vin de Schiraz (1), il n'était pas nécessaire à la rigueur qu'il eût un revenu de cinquante mille dariques ; mais que cependant de quelque manière qu'on arrangeât les choses, il faudrait, qu'il y eût des riches, et qu'il y en aurait toujours, en dépit de ceux qui n'ont rien : que leur plus grand chagrin était de voir que ce qu'on leur avait enlevé, fût dissipé, et n'eût servi qu'à enrichir une foule de coquins et de scélérats.

Mais ils dirent à Babouc qu'il y avait une classe de rentiers beaucoup plus récalcitrante, et qui ne pensait pas aussi philosophiquement ; celle qui, pour ainsi dire, ne possédait rien. Cette classe, continuèrent-ils, absolument nulle pour la société, n'a jamais pu pardonner à la fortune de ne pas les avoir fait naître avec au moins vingt-cinq mille scudis de rente, à condition encore qu'il ne serait pas arrivé de révolution de leur vivant, et que le gouverne-

---

(1) Fameux vin de Perse.

ment sous lequel ils auraient vécu ne les aurait pas contrariés en la moindre chose ; mais au contraire les aurait toujours fêtés. Ils se plaiguaient sans cesse , clabaudaient contre le Sophi , contre ses Satrapes , contre tout le monde , parceque , disaient-ils , on les avait oubliés. Ce sont eux en partie qui ont aidé à faire la révolution persanne , et ils aideraient à en faire mille ; jusqu'à ce que , dans les mille , il leur vînt assez beau jeu pour s'y tenir. Ils vous diront sérieusement que la nature les a faits pour dîner tous les jours au Palais-sophial , ne rien faire , et pousser l'argent des autres toute la journée au *Trente-un*.

Babouc remercia tout bas le grand Orosmade d'avoir donné la force aux bons rentiers de supporter leur état , et se promit de leur laisser à son départ quelques diamans et quelques roupies ; pour les aider à attendre un peu le retour du numéraire , supposé que l'ange Ituriel voulût accorder au numéraire le tems de reparaître en Perse.

A quoi servirait de nous plaindre , reprirent les rentiers ? N'a-t-on pas pour nous des entrailles de fer ? On ne nous rendra pas une obole de ce qu'on nous a volé. Il faudra toujours , malgré nous , recevoir trente capitaux pour un , et moins encore , quand on nous devra ; et nous, en payer trois cents et plus, toutes les fois qu'il y aura un petit compte à régler, jusqu'à ce qu'un beau jour enfin, on nous envoye promener tout-à-fait.

Que direz-vous de ceci ? ils ont entre leurs mains le bien des *disparus*, dont les terres produisent des valeurs réelles ; et pour acquitter les créances trop légitimes que nous avons sur ces mêmes terres, ils nous offrent un papier qui n'est bon qu'à allumer nos pipes (1). Il faut l'avouer, jamais friponnerie ne fut égale à celle-là. Mais ce qu'on a plus de peine à digérer, c'est la permission qu'ils accordent d'escamoter, comme l'état, les rentes de particulier à particulier. Que leur en revient-il ? parce qu'on ne peut pas payer, faut-il empêcher les autres de payer ? Vous avouerez avec nous qu'il est douloureux de voir un homme aisé dépenser souvent une darique d'or à son dîné, et venir ensuite vous compter six scudis, tout en gros, pour vous solder la petite rente de douze cents, qu'il est obligé de vous faire, en vertu des bonnes espèces sonnantes que vous

____

(1) Les Persans fument beaucoup depuis leur révolution. Dans leurs promenades, on est asphyxié par l'odeur du tabac. Tout annonce chez eux la maussaderie et la *détestabilité* de leur gouvernemeut.

lui avez portées dans le tems ; c'est un voleur, un homme deshonoré, dira-t-on ! .... Oui ; mais vous, pauvre rentier, qui vous nourrira ?

Beaucoup de gens se leurrent encore, continuèrent les rentiers, mais non pas nous ; rien désormais ne peut nous surprendre que le bien, parce que dans le cercle où les gouvernans de la Perse se trouvent circonscrits, ils voudraient, avec la meilleure intention du monde qu'ils n'ont pas, faire le bien, qu'ils ne le pourraient pas : c'est une chose qui leur est métaphysiquement impossible. Nos Emirs subsistant toujours, il faut que nous ayons la guerre civile dans toutes ses horreurs, la peste, la famine la plus complète, et que les coquins couronnent l'œuvre par le dépôt du grand bilan qui déclarera enfin la banqueroute totale et définitive. Oui, notre pays est perdu sans ressource : malgré les brillantes victoires qu'on annonce tous les jours, vous verrez la Turquie, la Tartarie et les autres puissances fondre sur la Perse qu'elles convoitent depuis long-tems : elle sera déchirée, démembrée et ensuite partagée ; ce qui causera un bouleversement général en Asie, et y fera mettre tout à feu et à sang. Cependant toutes les puissances coalisées contre la Perse ne pourraient rien, si l'on voulait remettre les choses ; mais on luttera, on se battra, et tous les rentiers mourront de faim. Pour le peu de tems donc que nous avons encore à vivre, soyons patiens et tâchons de profiter des petits secours que la providence a toujours soin de jetter sur les pas des malheureux.

Buvons une bouteille de Schiraz, dit Babouc, et sur-tout n'oubliez pas, pendant trois jours, de sortir avec votre *carte*. Les Mages qu'on a noyés sont pourtant la cause de ce qui s'est passé cette nuit dans le camp ! là-dessus il leur raconta qu'il sortait de l'assemblée Persépolienne, et qu'il avait été résolu qu'on n'hériterait pas de ses parens quand ils seraient disparus, mais que l'on aurait la liberté de faire des brochures, et que l'on payerait un *prêt forcé* ; qu'il fallait laisser aller l'*agiotage* pour le détruire, sans qu'on s'en apperçût, et qu'on célébrerait une grande fête en l'honneur de tous les *triomphes* remportés jusqu'ici.

Tous les convives s'écrièrent qu'ils voulaient assister à la fête, pour être témoins de la joie universelle. Babouc dit qu'il irait aussi à la fête. Mais, par égard pour l'assemblée persépolienne, il se tut sur la scène scandaleuse qui venait d'arriver à l'occasion des biens patrimoniaux de la jeune Sultane : les rentiers la savaient déja. Ils assurèrent à

Babouc qu'il pouvait se dispenser de visiter les Deux-cents-cinquante, où tout ce qui venait d'être résolu dans la séance, serait sanctionné, et que cela n'empêcherait pas de revenir quand on voudrait sur la liberté indéfinie de faire des brochures. Quelquefois, dirent les Rentiers, il est certains petits objets qu'on est bien aise de ne pas accepter, afin de prouver au peuple qu'on s'occupe de lui ; et que de tems en tems on sait défendre ses intérêts. Quelquefois aussi on est obligé de refuser des choses un peu trop fortes, que les jeunes ont la malice de rendre, afin qu'on ne les accuse pas sans cesse d'être les génies malfaisans : mais les grands coups sont toujours surs de passer d'emblée. La première Chambre de Perse, proprement dite, est faite pour sonder l'esprit public. Si la Chambre des vieux s'entend avec la Chambre des jeunes, reprit un des plus pauvres Rentiers, nous sommes perdus sans rémission.

En parlant des différens Émirs qu'il avait entendus *pour* et *contre*, Babouc dit qu'il serait charmé de les connaître tous, pour savoir si réellement leurs principes étaient d'accord avec leur cœur. On lui répondit que rien n'était si facile que de se trouver avec des Émirs , qu'ils étaient répandus toute la journée dans les cafés , au jeu, chez les filles, et par-tout ; mais qu'il valait mieux les voir chez l'*habitant* Bessus , où *la Colline* était rassemblée tous les jours , et où tout ce qu'il y avait de bons *Canaillocrates* était reçu à bras ouverts. C'est ce qu'un honnête homme qui enterre bien du monde , m'a dit ce matin, répliqua Babouc. Le pauvre homme a eu bien du malheur avec sa femme et ses enfans , reprirent les bons Rentiers. Le Vieillard devinant que Babouc ne serait peut-être pas fâché de voir le cabinet et les beaux meubles de Bessus , et que Bessus le serait encore moins de les montrer à un étranger , s'offrit avec une honnêteté digne de l'ancien régime persan , d'accompagner tout de suite Babouc qui accepta la proposition avec empressement.

Sans doute , dit l'Envoyé , que dans ces tems désastreux , il n'existe plus de petits soupés , et que tout le monde dîne à six heures ? La littérature est tout-à-fait tombée ? Je ne vous demanderai pas si vous avez encore des spectacles ? Il n'est pas possible qu'un peuple ruiné, dont la moitié est déja égorgée , et l'autre forcée , pour avoir sa faible ration , d'aller perdre une demi-journée à la porte du boulanger, puisse avoir conservé la moindre trace de plaisir : il n'en est plus pour lui que la mort ; qu'il a bien fait de graver sur le frontispice de toutes les portes.

Il y a long-tems, répondit le Vieillard que les petits soupés sont supprimés. Les laquais tiennent table ouverte aujourd'hui. Les honnêtes-gens sont morts, ou obligés de décroter et de faire des commissions. Quant à la littérature, il y a au moins vingt ans, qu'elle s'est envolée de Perse, avec tous les arts et tous les talens. Le feu sacré cependant n'est pas encore éteint. Il nous reste quelques beaux esprits, des personnes célèbres, et il lui en cita plusieurs ; entre autres un auteur estimable (1), qui depuis le 13 *Vendange* avait été obligé de se cacher *propter metu Faquirorum*, c'est-à-dire mot à mot, de peur des *Faquirs* ; mais je croyais, dit le Vieillard, vous avoir parlé tantôt des spectacles. Nous en avons presque autant que d'Emirs à l'assemblée persépolienne ; jamais on n'a vu une pareille fureur de dépenser son argent. Les groupes aux portes des boulangers ne sont

---

(1) Babouc parle ici d'un poëte persan, très-connu par sa tragédie de *Philoctète* et par plusieurs autres ouvrages du premier mérite.

rien en comparaison de ceux qu'on voit à
l'entrée de tous les jeux ; ce qui fait beaucoup
rire le Persépolien , parceque cela , dit-il , s'appelle *une queue , qu'on a coupé des têtes, et
qu'on n'a pas de pain.*

Peuple inconcevable ! s'écria Babouc , tu
seras donc toujours le même ! Son caractère ,
reprit le Vieillard , ne demanderait que la
paix et le gouvernement qui convient pour ré-
prendre sa gaité naturelle , et redevenir encore
une fois aimable. Mais on l'agace, on le force ,
malgré lui , d'être féroce. Il déteste ses Émirs ,
regrette à chaque instant *ce que vous savez ,*
ne parle que des *Titrés* , des *Mages* , et de
l'ancienne splendeur ; il a en exécration tous les
Faquirs , voudrait absolument briser ses fers ;
et demain , dans une halle primaire , il donnera
sa voix à tous les Faquirs , et rejettera la pierre
en sortant à tous les Titrés , à tous les Mages ,
jusqu'à ce que le soir même il pleure pour les
ravoir , et redemande enfin le passé. Aujour-
d'hui il ne s'entretient que de sa souveraineté
et de sa misère , ne parle que de ses quatorze
armées , de ses généraux , de tous ses commis
qui le ruinent , et de ses superbes domaines ,
sur lesquels il n'y a pas pour lui une malheureuse pomme-de-terre.

J'abuserai peut-être de vos momens , dit

Babouc, mais j'aurais bien du plaisir à parcourir avec vous les spectacles, voir le Muséum et le Musée, nous trouver ensemble, s'il était possible, à la fête qui doit se donner au Champ-de-Bellone; je voudrais aussi pouvoir me faufiler dans quelques sociétés, et particulièrement auprès des femmes; car elles ont beaucoup d'influence sur les mœurs, et dans une chose publique les femmes jouent un grand rôle; les vôtres, par conséquent, doivent triompher, et se trouver très-satisfaites aujourd'hui.

L'honnête homme de Vieillard répondit qu'un rentier n'avait jamais affaire, et qu'il était aux ordres de Babouc pour le conduire et le présenter par-tout; qu'ils commenceraient par aller chez Bessus, et que de-là ils iraient au spectacle. Vous ne vous souciez probablement pas de drames, lui dit-il? je ne vous crois pas fort pour les Mages, les Archimandrites, les Bonzes et les Bonzesses que l'on fait sortir des mosquées pour paraître sur le théâtre : c'est une espèce de prophanation qui ne serait peut-être pas de votre goût. Mais si vous souhaitez, nous irons à la piéce d'un Émir qui a été condamné ; malgré le beau morceau qu'il a fait, et les autres jolies choses dont il a enrichi notre scène. Les *Persans* (1), à qui appartiennent cette belle salle que vous avez vue en passant par la ville, joueront ce soir, et vous serez content.

Mon dessein, répondit Babouc, est de parcourir tous les spectacles et de voir les Bonzes et les Bonzesses ; mais puisque c'est aujourd'hui le jour des Persans, allons-y. Quel dommage que vous ne soyez pas des nôtres, poursuivit le Vieillard ! On tiendra demain loge égyptienne, et je vous aurais procuré la connaissance de quelques Emirs qu'on voit toujours avec plaisir. Nous aurions fait un petit soupé avec les auteurs aimables dont je viens de vous parler ; petit soupé où l'on tâchera de s'épancher et d'oublier un instant, s'il est possible, qu'on est en révolution. Sachez, répondit Babouc, que depuis plus de trente ans on m'a nommé grand-maître du Grand-Orient de toute la Scythie ; d'après cet aveu, je crois pouvoir, sans indiscrétion, me présenter parmi les frères d'*Isis* et d'*Osiris*. Comment, répondit le Vieillard, c'est à vous de nous présider ! Il y a des personnes, continua-t-il, qui croyent que les Franc-maçons ont amené la ré-

____

(1) Les *Persans*, comme on dit les *Français* ; ce sont les premiers comédiens de ce pays-là.

volution persanne ; mais c'est une erreur dont
elles doivent se désabuser. Pour moi , j'ai toujours regardé la maçonnerie comme la société
la plus agréable , et celle qui fait le plus
d'honneur à l'espèce humaine ; parce qu'on
ne s'y occupe que de morale et de bien-
faisance , et jamais du gouvernement. Des
signes mystérieux fesaient rire ; mais les sages,
qui comprennent tout, savaient les respecter. Il
était délicieux en vérité d'avoir un asyle sacré,
où l'on allait goûter des plaisirs honnêtes, des
plaisirs purs qui , en dépit de l'égalité persanne , ne sont point faits dans aucun tems pour
le vulgaire. Est-ce que Platon à son banquet
admettait le peuple ? Épicure fesait-il entrer
tout le monde dans son jardin ? et quand nos
augustes Émirs donnent des fêtes , distribuent-
ils des cartes à toute la canaille pour déjeûner
avec eux.

Je veux aussi , dit le Vieillard, qu'à l'issue
de la fête des triomphes au Champ-de-Bellone,
nous allions tous les deux dîner dans une maison *ci-devant* du haut rang , où je suis invité
régulièrement une fois par semaine, *vieux
style.* Le dîné tombe le jour de la fête , et
vous m'accompagnerez , malgré l'étiquette sévère qui ne permet pas de manger là , sans
s'être fait présenter auparavant. Sur tant

d'offres obligeantes, l'autre remercia à la scythe, c'est-à-dire avec franchise et point de compliment. Mais je vous préviens, reprit le Vieillard, que la maison où nous dînerons est un peu singulière, et qu'on y est magicrate au-delà de toute expression. Tant mieux, dit Babouc, j'apprendrai du moins à connaître les magicrates. Je vous observe, ajouta le Vieillard, qu'on y est inexorable, et que l'on se met à table à une heure précise. Je ne vois pas de magicratie là-dedans, reprit Babouc. Eh bien, dit le Vieillard, descendons prendre le café pour nous en aller tout de suite chez Bessus.

Ils descendirent tous ensemble ; chacun prit sa tasse ou sa demi-tasse, avec le petit verre d'escubac ou de marasquin. on lut le Journal de Persépolis, le Miroir, le Gardien de la Constitution persanne, la Quotidienne, le Censeur des journaux, le Messager du soir, les Nouvelles politiques et étrangères, les Rapsodies du jour, l'Accusateur public, qui sont d'excellens journaux, ainsi que les Petites-affiches, dans lesquelles *une femme bien née* (1) *demandait, pour s'unir, un homme qui pût*

______

(1) Voyez les Petites-Affiches de Persépolis, depuis environ deux ans.

contenter ses sens (à elle) *et sa raison*. Mais
on laissa *la Sentinelle* et *l'Ami du peuple* à
tous les faquirs et agioteurs qui étaient là. Ensuite on fit un tour d'arcades seulement, et
Babouc eut grand soin de tenir toujours la main
sur ses diamans et sur ses dariques. Il quitta
ce lieu infernal, en pensant que Persépolis
pourrait fort bien être détruite, et le Palais-
sophial aussi.

* * * * * * * * * * * * * * * * * * *
* * * * * * * * * * * * * * * * *
* * * * * * * * * * * * * * *

Fin de la première partie.

Nota. Les frais d'impression ont obligé l'Auteur de
diviser, malgré lui, sa Vision en deux parties, afin que
le produit du premier volume serve à publier le second,
qui ne sera pas moins intéressant que celui-ci, on ose
l'assurer. Le second volume, déja prêt à livrer à l'impression, paraîtra sans délai : il contiendra le même
nombre de pages, et se vendra aussi 30 sous.

AVERTISSEMENT.

Je poursuivrai, dans toute la rigueur des Lois, quiconque s'avisera de faire quelque édition furtive de ma Vision ; et j'invite tous mes concitoyens de Paris et des Départemens à ne recevoir aucun exemplaire de cet Ouvrage, qu'il ne soit signé de ma main.

NOUVELLE VISION

DE BABOUC,

OU

LA PERSE COMME ELLE VA.

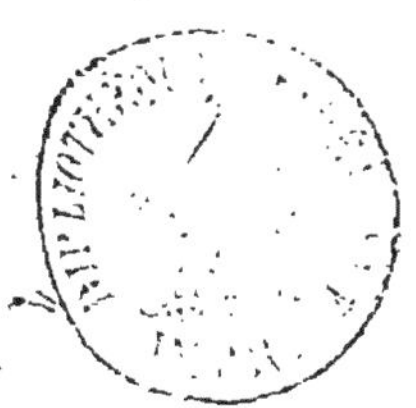

Ciel, à quels plats tyrans as-tu livré ce monde!

FRÉDÉRIC, *Roi de Prusse.*

SECONDE PARTIE.

A PARIS,

Chez DESENNE, Imprimeur-Libraire, Palais
Egalité, Nos. 1 et 2.

An V. 1797.

NOUVELLE VISION
DE BABOUC,

OU

LA PERSE COMME ELLE VA

CETTE Maison où nous sommes, dit le Vieillard à Babouc, est l'hôtel d'un *Disparu*, fort
aimable, fort riche autrefois, et qui, aujourd'hui,
dit-on, est garçon limonadier à Constantinople,
parce qu'il faut vivre. Bessus a trouvé le secret
d'acheter la maison, pour rien, du gouvernement ; mais le voici qui s'avance, la serviette à
la main, et nous le dérangeons probablement de
son dîner.

Le Vieillard s'excusa sur ce qu'il avait voulu
faire voir à un étranger tout ce qu'il y avait de
plus *extraordinaire* à Persépolis, en ajoutant qu'il
était bien aise lui-même de profiter de cette occasion. Bessus enchanté répondit, qu'entre les
sans-brayettes (1), on ne se gênait point, et que

______

(1) Mot aussi impropre, aussi révoltant que celui de *sans-*
culottes.

comme on était à table, son *Complaisant* (1) pouvait très-bien le suppléer. *Coupe-Téte* (en parlant à une espèce d'estaffier qui se tenait campé pour regarder) : Conduis ces *habitans* par-tout , et lorsqu'ils seront fatigués d'examiner , tu les amèneras, s'ils jugent à propos tous les deux , faire chorus avec nous dans la salle à *bouffer* (2) ; et il rentra, en chantant encore plus fort que le soldat des plaines de Sennaar , *qu'un sang impur imbibe nos guérets.*

Alors ils suivirent *le Complaisant* , qui n'est autre chose , à proprement dire en bon Persan , qu'un valet-de-chambre , mais qu'il a plu aux Faquirs , par politique pour le peuple , de dénommer ainsi. Si Babouc monta dans les appartemens , c'est qu'il ne put faire autrement ; car on s'imagine bien qu'il se souciait peu des richesses de Bessus , et que l'envie qu'il avait témoignée au Vieillard d'aller là , n'était qu'un prétexte pour s'introduire parmi *la Colline* , comme la loge Egyptienne en était un autre pour connaître le lendemain *la prairie.* Au reste , il vit les choses les plus précieuses en peinture , sculpture , meubles et bijoux : on eût dit de vrais magasins à prix fixe. Le cabinet était un abrégé du Muséum. Tous les

____

(1) Complaisant veut dire *officieux* , ou l'auteur serait bien trompé.

(2) On est obligé de se servir des expressions de Bessus.

(5)

petits chef-d'œuvres de l'art y étaient rassemblés. En entrant dans la bibliothèque, ils furent éblouis par l'éclat des volumes en maroquin rouge, bleu, vert, jaune et dorés sur tranche ; mais pas un seul n'avait encore été ouvert.

Le domestique qui les conduisait, leur apprit, à propos de bottes, que Bessus avait été fouetté et marqué, et que, sans la révolution persanne, ce bon *canaillocrate*, si riche et si honnête homme aujourd'hui, serait resté à l'embouchure du Golfe-Persique, pour y ramer à perpétuité, comme un vil forçat qu'il était ; mais à qui la fortune veut du bien, dit-il, personne ne peut nuire. Pour moi, je ne suis qu'un valet, et encore le valet de qui !

Ce babillard leur raconta que Bessus l'avait fait recevoir faquir ; que la société-mère s'était proposée alors de l'envoyer dans les principaux *cantons*, pour observer l'esprit public, *et mettre tout le monde au pas* ; que depuis, on lui avait offert une excellente place d'administrateur des subsistances, et même celle de général en chef de l'armée du Granique, pour s'être trouvé glorieusement, tout comme un autre, à l'affaire du 13 *vendange*, mais qu'un noir pressentiment que l'édifice devait s'écrouler, l'avait toujours empêché d'accepter ; que son maître avait eu plus d'esprit que lui.

Pendant que le drôle jasait tout seul, ne voilàt-il pas que Babouc, en soulevant une *antique*, aperçoit en mille morceaux le bâton qu'on lui avait escamoté la veille. Au lieu de se mettre en colère, chose qui n'eût remédié à rien, il questionna adroitement le valet ; et, sût que le bâton avait été brisé, dans l'espoir d'y trouver beaucoup de roupies doubles cachées, à cause de son poids et de sa forme mystérieuse. Voyant qu'il était impossible de rajuster l'*hiérogliphigraphe*, et que c'était un bâton perdu absolument, il dissimula, et descendit avec le vieillard, pour observer l'*honorable* compagnie, qu'on aurait entendue d'un *kilomètre*, pour ne pas dire de plusieurs parasanges.

Toute la *faquirinière* était à table ; c'était une cohue affreuse, un tapage d'enfer ou d'assemblée persépolienne. Personne n'eut l'honnêteté de se lever, pas même de saluer. — *Coupe-Tête ! l'Incendie ! la Noyade !* s'écria Bessus.... Holà ! *cohens, musquinets* (1), quand on vous appelle !.... vîte ici les fauteuils qui sortent de la grande chambre du *tyran*, et qu'on apporte deux couverts d'or.— Eh bien ! demanda-t-il à Babouc et au vieillard, ce que vous avez vu là-haut n'était-il pas bien fait pour moi, quoi qu'on en dise ? — N'ayez donc pas peur, vous autres effarés (en adressant la parole à deux ou trois grands personnages qui avaient

______

(1) Espèce de *muscadins* Persans. On se sert, dans ce pays-là, du mot *musquinet*, pour inquiéter souvent d'honnêtes gens.

l'air sombres et inquiets); ce sont deux braves B****** qui auraient eu plus de cœur que vous cette nuit, s'ils eussent été au camp. — Ah ça, veut-on de la gélinotte, ou du coq de Bruyère ? d'abord je préviens les amateurs que je vais couper bien des têtes. Machine *machinante !* .... toi qui es là-bas dans le fond, avances à moi, si tu peux, comme sur la place du Chaos. On poussa l'horrible machine jusqu'au milieu de la table, et la tête du coq sauta en un clin d'œil ; celle d'un lapin de garenne en fit autant : lièvre, cailles, perdreaux, tout fut décolé. A cet aspect révoltant, le vieillard pensa se trouver mal, et Babouc eut beaucoup de peine à ne pas éclater. Je ne troquerais pas ce joli petit meuble, dit Bessus, pour tout mon cabinet, parce que le meuble en question vient de ce fameux *férociste*, qui, pendant sa mission, l'avait toujours roulant sur sa table ; il ma coûté six cens bons scudis en papier : le *tranchant* seul vaut le prix. Les deux étrangers refusèrent constamment de rien accepter.

Jamais gala d'aucuns des quarante Sophis Plébéiens (1), qui tenaient autrefois l'Empire de Perse à bail, n'avait approché de celui-là. Un Peuple est bien près de sa ruine, disait Babouc, quand il permet que la populace puisse donner de pareils repas. Au reste, il remarqua que tout était

____

(1) Voyez le Babouc de Voltaire.

servi gauchement et offert de même, comme il arrive toujours chez les gredins parvenus. Le Persan y était estropié à chaque mot. La sultane du logis, plus noire qu'une taupe, s'était ensevelie sous une grosse perruque jaune, afin de faire mieux ressortir, apparemment, tous les traits que la nature lui avait donnés. C'est donc là, dit Babouc en lui-même, cette beauté qu'à *la barre* on a soufflée au bon officier public qui enterre ! elle a dû être passable ; mais comme le vice et les perruques, quand on a des cheveux, enlaidissent !

Savez-vous, reprit le ci-devant forçat, qui, par rapport aux deux étrangers, cherchait à redoubler d'esprit, qu'il fut un temps où ma douce moitié était bien terrible, qu'on ne l'appelait partout que la grande *canaillocrate*, la grande *chose publicaine*, et que, sans être des plus jolies, on lui a fait l'honneur de la placer dans le char, avec la pique à la main et le bonnet rouge sur la tête, pour représenter la fameuse Déesse ? On peut dire, avec vérité, qu'il ne s'est pas coupé une tête dans Persépolis (même celle de son père, Dieu me pardonne)! qu'elle ne l'ait vu tomber dans le *sac*. Elle vous accompagnait les *charrettes*, depuis les marches de la prison, jusques *sur la place du chaos*. Il fallait voir les injures qu'elle disait aux pauvres *condamnés* ; comme elle les traitait de *magicrates*, de *scélérats*, et comme elle forçait tous les passans de crier : *vive la chose publique!* Son plus grand désespoir, dans le temps, fut, malgré les belles assurances qu'on lui avait données, de n'avoir pas vu *raccourcir* son premier mari : le 9 *brûlant*, par malheur, arriva trop vîte.

Fi donc! ne l'écoutez pas, répliqua la femme un peu honteuse pourtant de ce qu'on répétait de pareilles sottises aujourd'hui ; il ment.

C'est une commère bien dangereuse, continue Bessus, et qui n'a pas été nommée présidente de la société des *Faquiresses* pour des prunes. Elle a déjà divorcé quatre fois, et l'aurait probablement fait une cinquième, si la loi, qui toujours va, toujours vient, n'eût pas eu la prudence d'y mettre ordre. Mais depuis quelque temps, ma femme est devenue *magicrate*. Elle rougit de dire *habitant*, et se fâche tout de bon quand on ne l'appelle pas *sultane*. Elle préfère d'aller prendre des sorbets au palais Sophial avec les habits *carrés*, pour qui elle paie, sans doute, que d'être régalée par toute *la colline* qui lui faisait la cour : encore si elle avait eu l'esprit de nous amener aujourd'hui sa belle-fille, on pourrait s'amuser avec ce jeune enfant, en dépit du triste papa, qui ne veut pas que l'on quitte la maison paternelle pour aller faire de bonne heure des actions civiques en chambre garnie. Quand est-ce donc que la révolution détruira entièrement tous les parens ?

Pour moi, répondit Bessus, je n'aime pas les *magicrates*. On ne voit ici que des hommes *tor-*

tionnaires : depuis *Coupe-Tête*, jusqu'à *Dénonciateur*, mon portier, tous mes gens ont marqué dans la révolution ; ils ne seraient jamais entrés à mon service, s'ils n'eussent pas été pour le moins des *fruitriseurs*, des hommes du deux et trois *des fruits*. Le Vieillard ne cessait de regarder Babouc, et Babouc de regarder le Vieillard.

Mais tu ne bois, ni ne manges, ni ne parles, dit Bessus à Babouc ; est-ce que tu ne vois pas avec qui tu es ! Regarde un peu, je te prie, ces *enragés*, à qui tu as fait tant de peur en entrant ; ils croyent toujours qu'on va les pendre : c'est moi qui les ai forcés de rester. A cet air ignoble, tu dois reconnaître le *postillon* qui a eu l'audace d'arrêter le Sophi, et le courage de s'évader toutes les fois qu'il a trouvé, soit une fenêtre ou quelque porte ouverte ; c'était lui qui, avec son fouet, commandait cette nuit. A ce teint de Médée, à cette fureur d'Atrée, peux-tu méconnaître celui qui a été sifflé, l'auteur des fusillades, des mitraillades, le fondateur et le proclamateur de la chose publique persanne, une et indivisible, notre cher *Collotès* (1), que tous les *gobe-mouches* croyent bon-

______

(1) C'est sans doute une mauvaise raillerie de la part de Bessus ; car il est de fait, dans tous les journaux, ou l'on ne croirait jamais à rien, que *Collotès* a été vraiment déporté dans l'île des Serpens. On assure que ce monstre y est mort, ou doit y mourir incessamment, ce qui revient au même. Peut-être se trouvait-il là une figure semblable à celle de l'ex-législateur, et que Bessus

nement déporté dans l'île des serpens : *les serpens,* dit-il quelquefois en déclamant pour rire, *rongent son cœur tous les jours !* Voilà *le jeune candidat tout nud et couvert de la lèpre du crime !* Les Africains , à cause de la couleur de son ame , viennent d'en re-faire un émir chez les cinq-cents ; mais c'est une grosse méchanceté que de parler de son ame ; il n'en a point. Nous seuls de la cabale avons fait élire ce détestable fils de Béelzébuth , par nos frères les noirs , qui ne voudraient pas , j'en suis sûr , manger avec lui , s'ils le connoissaient. Demande si j'ai tort , au beau nègre que voilà ; c'est un re-présentant du peuple ; et , s'il te montrait son dos , tu verrais tous les coups de fouet qu'il a reçus. — Tiens, bois un coup avec *les formes acerbes ,* il va te faire des *carmagnoles* tant que tu voudras ; choque avec le général *mousseux* ; son seul et unique talent est de bien commander à tous les tambours de battre : il te vendra de la bière de Mars qui ne

---

aura profité de la triste figure pour s'égayer un instant. Les 750 représéntans de la Perse ont presque tous un air de famille. Tou-jours est-il constant que *Colloìès* n'est point caché dans Persépolis comme le postillon *Droueiès* , qu'il est bien et duement relégué dans l'île des Serpens , avec son compagnon d'infortune , *Billot-Venenis* , lequel s'amuse , lui , à instruire de jeunes perroquets , pour former un jour une petite assemblée persépolienne , où il n'y aura point de Dieu ; il leur apprend principalement ces pa-roles consolantes , écrites naguères encore , au bas de la pyra-mide de la place des triomphes : *plus de larmes , mais du sang pour nous venger.*

vaudra pas le diable..... Bois sur-tout avec l'enchanteur *Merlinès*, car celui-là n'est pas *suspect* !
Je ne te proposerai pas les *Bentabolès*, les *Lamar-*
quès, et tous les autres, ils sont trop mâchoires.

Pour rendre notre conciliabule parfait, s'écria
Bessus, il ne nous manque absolument que *le cou*
de la Notre-Dame des Fruits; ce gros vilain *Bou-*
:cher, qui pendant nos disettes factices, voulait
faire mettre tous les *magicrates* à la broche, et en
manger le premier; *la Sentinelle* de la belle *Lodoïs-*
Catin (1); l'incorruptible *Robespierrès*; le divin
Maratès; le bienheureux *Carrierrès*, et *le saint* coquin
qui fit faire la petite machine qui est actuellement
sur la table. On pourroit encore y ajouter, si l'on
voulait, *le Mage*, *toujours caché derrière le rideau.*
— Et le poëte *Chenillès*, faut-il que personne n'y
pense, reprit un des faquirs ? — Voyez s'ils n'ont
pas tous l'air de malfaiteurs décidés, répliqua Bessus, et sur-tout avec leurs perruques; car tous
avaient des perruques comme la femme ou la maîtresse de Bessus, excepté que les leurs étoient *noires,*
plates, et la sienne *jaune* et toute *ébouriffée.*

Trève de plaisanteries, dit le véritable ou faux
Collotès, un peu de dignité, Bessus, ou je te fais
fusiller la première fois que je rentre à *Tauris.* —

---

(1) On devrait dire *Lodoïs-Catina*, puisque tous les noms de dames
en Pologne, se terminent en a ; mais les Persans, dans leur nouveau langage, disent tout ce qu'ils veulent.

Appuyé, s'écria l'*imbécille* qui porte toujours le bonnet rouge sur la tête, et qui cardait autrefois de la laine ! Cette exclamation involontaire de la part d'un homme qui croyait être encore à l'assemblée persépolienne, pensa les faire crever tous de rire. Hélas ! l'imbécille, en s'imaginant être à l'assemblée, ne se trompait que de fort peu de chose.

Que penses-tu, *mon vieux* (1), du beau discours que j'ai débité ce matin, demanda l'émir que Babouc avoit entendu ? Pas grand chose, répondit Bessus ; tu aurais pu, ce me semble, te dispenser de proposer un *prêt forcé*, que je vais être obligé, moi, peut-être, de payer. — Aurais-tu mieux aimé, reprit l'émir, que j'eusse demandé la rentrée des *disparus ?* Non, j'imagine ; car l'hôtel que tu habites, ainsi que toutes les belles terres de première et seconde origine que tu as su te faire adjuger à la manière d'*Abolinès*, te sauteraient bien vîte des mains : et voilà pourquoi mon coquin est si dévoué à la chose publique, et si craintif sur la rentrée des *disparus* ! Effectivement, dit l'émir, il serait fâcheux pour lui d'être obligé de restituer ce qu'il a eu tant de peine à ramasser depuis la révolution. Imaginez, en parlant à Babouc et au Vieillard, qu'il n'y a pas une bouteille de vin dans sa cave, qui ne soit sortie de celle d'un *disparu* ou

____

(1) Expression *tortionnaire et gentille* des Persans.

de quelque *condamné*, qu'il a fait exprès dépêcher. Ces superbes tableaux qui vous ont été montrés tout-à-l'heure, cette bibliothèque si brillante et si bien choisie, ces pendules, ces glaces magnifiques, ces beaux couchers d'édredon, ces sophas si voluptueux, tout cela vient du bon coin, du temps où il allait poser par-tout *les cachets*.

Peut-on être plus fripon et plus effronté que cet abominable scélérat, qui veut qu'on fasse mourir à petit feu tous les mages, répliqua Bessus ? Il n'y a pas une mauvaise loi de rendue à l'assemblée persépolienne, qui n'ait rapporté à ce coquin-là au moins une roupie double, l'une portant l'autre : ainsi jugez !

Toute l'Asie sait, ou doit savoir, que Babouc avait reçu de l'ange Ituriel le don d'inspirer la confiance ; on ne se gênait donc pas devant lui ; d'ailleurs ils le croyaient très-fermement de la clique, lui et le Vieillard. Le dessert vint, et la perruque jaune fut sommée la première de chanter ; elle avait su tous les airs *canaillocratiques*, et ne se rappelait pas un seul couplet. Après la plus grande résistance, elle finit tout-à-coup par s'écrier :

> Si vous aimez qu'on verse,
> Venez, accourez tous,
> Boire du vin de Perse,
> Si vous aimez qu'on verse,
> Et verser avec nous,
> Et verser avec nous.

et toute la *faquirinière* de répéter à tue-tête : *Si vous aimez qu'on verse*, etc. A la fin, Babouc demanda si l'air et les paroles étaient éternels.—C'est ma chanson favorite, dit Bessus : je soutiens qu'on n'a jamais rien fait de si beau, et qu'il n'y a que la chose publique persanne pour faire éclore de pareilles productions. Tous nos camarades de rames (1), quand je les ai quittés, n'avaient pas d'autre chanson. Cette rime de *verse* avec *Perse*, *et qu'on verse*, *et verser avec nous*, d'abord vous enlève, ensuite vous ... endort ..., et vous ... réveille presque sur-le-champ, pour boire ou pour danser ; car on pourrait tout aussi bien dire : *Si vous aimez la danse*, etc.

Parbleu ! je le crois bien, reprit l'émir qui parlait toujours, nous n'avons rien dans notre langue, et dans aucune langue, de joli comme ça, si l'on en excepte les odes faites pour nos fêtes : mais c'est que les odes faites pour nos fêtes surpassent de beaucoup les odes du grand *Rousseautès* (2). Une

---

(1) Bessus avait été aux galères, et comme bon *canaillocrate*, il ne s'en cache pas.

(2) Le seul lyrique des Persans. Il vient de paraître, à Persépolis, l'*Exegi monumentum*, ode qui, dans plusieurs strophes, ne serait pas indigne du grand *Rousseautès*. Quel plaisir pour Babouc, si les Persans pouvaient se préserver de la barbarie ! mais il leur faudrait des colléges comme ils en avaient, la même religion, et tout ce qui s'ensuit. Malheureusement leur sainte révolution s'oppose à tout cela ; et comme ils ont beaucoup de *philosophie*, vouloir leur faire entendre raison, serait une folie, une chimère.

strophe de ces odes-là est en état de plonger pour toujours Horace dans le néant. Et la tragédie du Sophi IX, ou l'Ecole des Sophis ? Ne sent-on pas, en voyant cette belle pièce *tortionnaire*, comme si on allait être poignardé soi-même, immédiatement après la bénédiction des poignards ? — Et le drame *des Bouzesses d'Ispahan* ? L'archimage (1) qui, en attendant la permission du grand Lama, relève provisoirement presque tout le couvent de ses vœux, et qui ne punit point la supérieure, quoique la sultane supérieure eût bien mérité de l'être. — Et *Caïn-Gracchus*, s'il vous plaît, qui descend vingt fois de la tribune, et remonte comme un fou, sitôt qu'il arrive quelque chose qui mérite une réplique ? — et Timoléonès ?... j'espère que voilà des pièces qui valent bien un *Cidès*, un *Cinnatès*, des *Horacès*, une Athaliès, une Phedrès et Hypolitès, une Alzirès, une Méropès, un Mahometès, qui ne sont que des chef-d'œuvres de *magicratie* ; au lieu que les ouvrages dont nous venons de parler, sont des chef-d'œuvres de *canaillocratie*.

On dit, continua l'émir, qu'il faut encourager les talens, c'est une sottise. Les sophis dépensaient à cela des sommes énormes, pour ne former peut-

---

(1) Un archimage est un archevêque. On dit l'archimage d'Ispahan, comme on dirait, je suppose, en France, l'archevêque de Cambrai. On assure que les *Bouzesses d'Ispahan*, à Persépolis, sont une aussi belle pièce que *Télénon*, ou *les Religieuses de Cambrai*, à Paris.

être, par année, que deux ou trois véritablement
grands hommes, dans chaque genre ; les émirs ne
sacrifient pas une obole de leur paye, et l'Etat
est inondé d'écrivains et d'artistes. Il faut voir tous
les portraits de famille qu'on expose au sallon ! Le
public ne s'aperçoit pas combien on commence à
sentir sourdement les bienfaits de la révolution.
Le monde, en vérité, ne fait que sortir aujour-
d'hui de la barbarie ; les arts brillent dans l'univers pour la première fois. Il n'y a plus d'école
pour apprendre à lire, et cependant, sous vingt
ans, on n'y pourra plus tenir ; tous les Persans
seront poëtes, orateurs, historiens, peintres, sculp-
teurs, mathématiciens ; chaque décroteur sera une
encyclopédie ambulante.

Pour moi, la révolution me fait pâmer : tout
ce qui vient d'elle m'enchante ; je le trouve superbe, admirable ! La statue de la place du Chaos
est à mes yeux la Vénus de Médicis ; la pyramide
de la place des Triomphes, toutes les pyramides
d'Egypte ; la salle que nous avons fait construire
pour nos séances, le temple de Diane à Ephèse,
l'église de Sainte-Sophie à Constantinople, le Va-
tican à Rome, ou le Louvre à Paris : c'est comme
cela qu'il faut y voir, pour être bon *habitant*.

Vive notre génie, pour faire tous les jours des
lois, dit l'émir ! et vive sur-tout notre habileté en
diplomatie ! Comme *l'envoyé* de la Grande-Tartarie
est *neuf* et *petit* auprès de nous ! Mais ce qui me

plaît le plus dans notre *sainte* révolution ; c'est la pureté de nos mœurs, la *philosophie* dont nous sommes pétris, et le respect que nous portons à l'Etre suprême, ainsi qu'à nos chers parens qui en sont l'image.

Affranchi de toute étiquette, on s'habille comme on veut, on parle persan comme on veut. Qu'on dise tout ce qu'on voudra, la Perse est devenue le séjour de la raison et de l'humanité : et n'est-ce pas celui de la bonne compagnie, puisque nous voilà tous rassemblés ? Ah ! quel bonheur d'être né pour voir la révolution persanne ! Celui qui ne possédait rien est immensément riche aujourd'hui. Il va au café tous les jours, à la bourse, au Palais-Sophial, à la comédie, au concert, au bal, et à l'assemblée persépolienne écouter les deux chambres, quand elles font bien du bruit. Pour jouir, il ne faut plus que de l'intrigue, des bras forts, de bons poumons, avec un front unique, et pas autre chose. Et puis, le bouleversement général amuse ! c'est un mouvement perpétuel qui intéresse. On lit le journal du matin, le journal du soir ; on apprend de *grandes* victoires, de *petites* défaites. Les uns, pour vous fournir matière à réflexion, se précipitent de leur grenier, ou vont se jeter dans la rivière ; les autres se font mettre sur le *tabouret*, et acquèrent de bonnes propriétés. Des gens qui étaient nés pour faire l'aumône, viennent au contraire nous la demander. Tantôt une loi, tantôt une autre, ou, pour mieux dire, point de lois ! Si les nations avaient le sens commun, elles devraient *s'établir permanente*.... en révolution... Buvons, croyez-moi, à la dissolution de tous les gouvernemens.

Après avoir bu, ils entonnèrent des choses qui faisaient trembler. Le grand Orosmade n'existait pas : boire, piller, répandre le sang, était leur abominable refrein. Ensuite ils outragèrent le peuple, et se moquèrent cruellement de la chose publique. Ils chantèrent :

> Peuple persan, peuple imbécille,
> N'es-tu pas las de tant de maux ?
> Peux-tu rester encor tranquille
> Sous le joug de sept-cents bourreaux ?
> Etc. etc. etc. etc. etc. etc.

Rien n'étant sacré pour eux, ils insultèrent jusqu'au général en chef de l'armée du Tibet, parce que ce général, issu de *Titrés*, avait été élevé à *l'école guerrière*. Ils soutinrent qu'avec de l'éducation et du mérite, un homme aimable ne pouvait pas, 1°. être faquir ; 2°. aimer la chose publique, et qu'on devait se méfier de lui, plus que de tous les *magicrates* et de tous les *sophialistes* ensemble ; mais qu'il fallait flatter le jeune *pacificateur*, l'encenser à toute outrance, afin que, pris dans leurs filets, ils pussent lui faire couper le cou *au joli son, au joli son, au joli son du canon.*

L'orateur qui avait parlé contre les mages, contre les *disparus*, s'avisa de vouloir faire des calambours , de dire qu'on avait mis la chose publique *en perce*, et que les femmes sur-tout étaient très-heureuses d'être *en perce*. Toute la cohorte poussa des hurlemens affreux, et jura, par *le temple de la raison*, que les deux calembourgs étaient *divins, tricolores , ultrà-tortionnaires* ; expressions dont on ne se serait jamais douté !

Ne pourriez-vous pas, dans vos orgies , dit Babouc d'un ton sévère, parler un peu plus respectueusement de la chose publique persanne , de vos chefs, de vos représentans, et faire, en votre qualité de législateurs, des calambours un peu meilleurs, un peu plus décens? — *Bravò*, répondit Bessus ! exterminez-moi tous ces hommes immoraux qui gouvernent la Perse. — C'est que la chose publique est une chose si ridicule, si extravagante, reprit l'Emir, qu'on ne peut jamais assez s'en moquer. Il faut que tous les Persépoliens soient aussi bêtes qu'ils le sont, pour avoir souffert qu'on établît dans leurs murs une chose publique, qui ne convient pas plus à la Perse, qu'un turban , orné de panaches flottans, ne convient à un émir. — Cependant, dit Babouc, tous les Persans l'ont demandée. — Désabusez-vous de cela ; c'est encore une fausseté, répliqua l'Emir ; c'est nous autres faquirs au contraire qui avons forcé tous les Persans à la recevoir, en nous servant des Persépoliens, qui, comme je vous dis, sont des bêtes, et qui avalent toutes les pillules qu'on veut bien leur donner. — Eh pourquoi, misérables faquirs que vous êtes, s'écria Babouc, avez-vous renversé un gouvernement, pour forcer toute une nation à recevoir celui que vous saviez bien, dites-vous, ne pas lui convenir ? — Ma foi, répondit l'Emir, dans le principe, nous étions payés pour faire passer la couronne du sophi sur la tête du *Bourgeonné* ; c'était à *Philippès* de fixer promptement la fortune, en faisant massacrer, le jour même de la prise du fameux Bastion, ou mieux encore, pendant la tenue des Etats, le monarque, la sultane-épouse, les enfans, les frères, et toute la race, sauf à lui, le lendemain, de faire écarteler les assassins, de verser *une larme* sur le sort de la famille sophiale, et d'ordonner qu'on célébrât, pour le repos de leur ame, un service solemnel, auquel lui, nouveau sophi, aurait assisté très-dévotement. La monarchie persanne, en recevant cet échec, n'aurait point été ébranlée ; il y aurait eu très-peu de changemens dans l'Etat ; une partie des biens *mosquaux* (1) eût payé la dette ; tout ce qui est arrivé enfin ne serait point arrivé : *Philippès* aurait régné paisiblement comme tant d'autres usurpateurs, et il se serait moqué ensuite du cabinet tartare, qui lui aurait aidé sécrètement à monter sur le trône. Usé de débauches, sa seule ambition, sans doute, eût été de chercher à faire oublier la vie crapuleuse

______

(1) L'argent des mosquées.

et scélérate qu'il avait toujours menée. Les mœurs de son épouse auraient du moins ramené celles des femmes à la cour. Tout immoral, tout corrompu qu'était le régent son bisayeul, est-ce que ce raja ne gouverna pas très-joliment la Perse ? Mais le *Bourgeonné* a voulu marchander avec le crime ; il manqua de hardiesse à la journée déjà trop tardive des cinq et six *brouillard* ; et de ce moment tout fut perdu pour lui : son crédit et sa puissance s'évanouirent comme une ombre. *Vous étesné raja, omrah, lui dit Mirabauës, mais vous avez l'ame d'un laquais.*

En vain crut-il se raccrocher, en votant la mort de son parent ; il n'en devint que plus méprisable aux yeux même de son propre parti.

Le cabinet tartate, qui avait juré, à quelque prix que ce fût, *la destruction de Carthage*, s'aboucha alors avec nous seuls, pour continuer la révolution, la pousser jusqu'à l'excès, détrôner le sophi, lui faire couper le cou, celui de *Philippès*, et remettre le sceptre persan, s'il était possible, entre les mains du second fils du grand Kan ; mais ce dernier article n'était pas si facile, à cause des différentes factions qui s'élevaient de toutes parts, et qu'il fallait abattre auparavant.

Pour les tenir toutes en respect, nous imaginâmes la chose publique persanne ; et quand la chose publique persanne fut imaginée, comme nous étions les plus forts, nous commençâmes toujours, en attendant le prince tartare, ou un autre, par nous asseoir nous - mêmes sur le trône ; et nous nous mîmes à faire trembler la Perse, à dépouiller tout le monde, pour nous enrichir, nous et les nôtres: tous cela est bien simple et bien dans la nature. Pourquoi les peuples laissent-ils renverser leurs gouvernemens ? L'exemple d'aujourd'hui leur apprendra dorénavant à vouloir changer.

Mais consultez *la colline et la prairie*; si vous y découvrez un émir qui veuille sérieusement de la chose publique, je consens à être chassé sur-le-champ du corps législatif. D'abord elle est impossible, de toute impossibilité ; et la position seule de la Perse, sa trop grande étendue, ne sont encore que le moindre des obstacles. Est-ce qu'un gouvernement composé de sept cent cinquante machines, peut se soutenir ? Si jamais la postérité veut donner le coup de grâce à quelque grand Empire ; c'est d'y créer une chose publique comme la nôtre.

Ah ! si ceux qui tiennent les rênes, pouvaient être certains qu'elles ne leur échapperont pas, la chose publique persanne alors serait la plus belle chose du monde. Malheureusement tel qui gouverne, demain sera culbuté. Le parti vainqueur égorgera toujours impitoyablement celui qu'il aura vaincu ; et, tôt ou tard, il faut que chaque émir, à son tour, aille déposer sa tête sur la place du Chaos ou ailleurs. C'est à tous les partis de veiller, de se réunir contre la faction qui domine, et de s'envelopper tous du voile de la chose publique, jusqu'à ce que le plus heureux enfin puisse se découvrir et faire couronner son sophi.

Notre puissance, depuis le 9 *brûlant*, a l'air d'être ébranlée ; et moi je dis que jamais nous n'avons été plus forts qu'à présent. Qu'avons-nous à craindre ? la Perse n'est-elle pas peuplée partout de faquirs ? Qui fait tourner la grande roue, si ce n'est pas nos plus fidelles créatures ? n'avons-nous pas enchaîné tout le monde par l'acquisition des biens défendus ? Ces gens-là, malgré eux, ne sont-ils pas intéressés à notre propre conservation ? Pour nous anéantir, nous chasser tout-à-fait, il faudrait que la grande majorité s'entendît, que le bon sens revînt à tous les Persans ; et vous sentez l'impossibilité de tout cela chez un peuple abruti, sans frein, sans mœurs, et déshonoré pour toujours aux yeux de toutes les nations.

Que la sortie prochaine du fameux *tiers* ne nous épouvante pas. Nous viendrons à bout de détourner l'orage, par le moyen de quelque nouveau 31 *des fleurs*, ou d'un second 13 *vendange*. Au pis aller, il serait possible de corriger le sort, en ne faisant tirer de l'urne fatale que les noms de ceux qu'on voudra bien expulser ; et quand tout cela ne réussirait pas, notre réélection sur le champ est presque infaillible. Nous aurons toujours toutes les *halles primaires* dans notre manche. Calcul fait, et c'est prouvé comme une démonstration d'Euclide, la force est encore à nous, de plein droit, pour dix ans, à dater du moment actuel. Vous voyez comme on écoute à l'assemblée persépolienne, les autres émirs qui veulent parler raison ! Une conspiration telle qu'il n'en a pas encore existé, et qui certainement ne sera pas déjouée, celle-là, va écraser, d'ici à quelques jours, les cinq *renards* avec toute la *prairie*, et tout *Persépolis sera égorgé*.... *Mais motus !* Je crois parler à des *canaillocrates*. Soyez sûrs, ajouta l'émir, qu'avec la liberté et l'égalité, le pillage, et toutes les places que nous promettons, nous aurons toujours pour nous la classe qui n'a rien. De nouveaux discours et de nouvelles phrases réveilleront les *gobe-mouches*, et ceux qui voudront raisonner, seront taillés en pièce.

Je vois à présent, dit Babouc, sur quelles bases la chose publique persanne a été fondée, et combien le bonheur du peuple vous était cher à tous. — Le peuple, répondit l'émir ! Quoi, cette canaille timide qui respecte les propriétés, qui a peur de massacrer ses *ci-devants* et ses *Mages*, qui croit que le riche seul peut le faire travailler et le faire vivre..... Mais tout cela, vous dis-je, doit être taillé en pièce.

La Perse, entre nous, est un peu trop peuplée : c'est d'en sabrer au moins les deux tiers, afin que l'autre ait de quoi se retourner ; et comme les riches sont nos plus cruels ennemis, ainsi que les *ci-devants*, les *mages*, les *rentiers* et tout le monde ; c'est sur eux, et sur tout le monde, que l'on doit tomber. Alors il faut achever de tout renverser, de tout détruire, afin que le génie ait le plaisir de tout recréer. Si les faquirs ont voulu abattre la religion et abolir toutes les lois, c'était pour laisser au premier sophi qui paraîtra, le double avantage d'être législateur, et d'établir un nouveau culte.

Avouez que nous sommes de fiers scélérats, dit Bessus à Babouc et au Vieillard, et qu'on aurait bien fait de nous pendre il y a long-temps, pour empêcher tout ce qui est arrivé.

La réflexion n'est pas mauvaise, repartit le Vieillard, qui n'avait pas encore ouvert la bouche; mais ne pourrait-on pas conserver la chose publique, qui est excellente, ménager un peu la Perse, les anciens-monumens, et sur-tout respecter la religion, avoir pitié des pauvres rentiers, ne pas s'opposer au moins, si l'état est insolvable pour eux, à ce que les autres qui sont solvables et très-solvables, payent les arrérages qu'ils doivent avec la même monnaie qu'ils ont reçue? — Non, non, pas de miséricorde, répondirent les frères et amis, et vous nous faites ressouvenir de la discussion qui va s'entamer demain sur les transactions particulières, afin que les débiteurs ne payent jamais: et la chose est assez juste, puisque tous tant que nous sommes à l'assemblée, devons presque tous des rentes, et que c'est nous qui faisons les lois.

(27)

Contre un tel argument, reprit le Vieillard, je
ne vois pas de réplique. Il ne s'agit plus que de
savoir, en supposant que la Perse ne pût pas rester comme elle est, quel sophi, en pareil cas, vos
représentations de *souveraineté* daigneront mettre....
Un Persan, sans doute; car il seroit trop honteux
pour une nation, d'appeler un étranger, tandis
qu'elle aurait dans son sein le véritable prétendant ; je dis dans son sein, parce que, pour les
honnêtes-gens, c'est comme si le prétendant de
Perse était ici. Assez long-temps nous nous sommes
écartés de la justice ; il serait peut-être bon d'y
revenir.

Le vieux bon-homme a plus de bon sens que toute
l'assemblée persépolienne, répondit Bessus. Pour
moi, tous les gouvernemens sont égaux, pourvu
que mon hôtel, mes meubles et mes terres de première et seconde origine me restent. — Ecoute,
Bessus, reprit l'émir, les *magicrates* ou les honnêtes-
gens, comme tu voudras, tiennent, sans contredit, pour le prétendant légitime ; nous, c'est diffé-
rent : consulte *Merlinès*! Le prétendant voudrait se
venger, venger sa race : du moins il est bon de
le répandre. Le prétendant n'a point de fonds, et
qui n'a rien ne peut rien. Tu sais que nous sommes
payés pour le *prince* tartare, le fils du *bourgeonné*,
l'*infant* de la Chine, l'*archi-Raja* des Pays-Bas turcs,
et d'autres *aspirans* qu'il n'est pas nécessaire de
nommer. Prenons toujours les sommes qu'on nous

offre, et le temps décidera le reste. Eh ! qui sait si le postillon, toi ou moi, l'imbécille qui cardait de la laine, un de nous, enfin, n'aurait pas quelquefois été destiné à jouer un grand rôle ici bas ?

Le premier des sophis fut un brigand heureux.

a dit le grand poëte persan.... Mes amis *travaillons la marchandise* ; aidez-moi à rétablir la révolution dans toute sa pureté, c'est-à-dire, dans toutes ses horreurs, et je vous réponds du succès. Toi, Bessus, fais évacuer *les loges*, s'il y en a ici, afin que l'on puisse se former en comité général et secret, et aviser aux derniers moyens, s'il en reste, de désorganisation. Quand on tient la Perse dans ses mains, il faut la faire aller *ventre à terre*....... Buvons !

Oui, oui, s'écrièrent *les habitans* de *la colline*, buvons, et jurons que la terreur, les sociétés populacières, la loi des suspects, et tous les bonnets de sang seront rétablis avant la fin de l'année. Mais les deux *sans-brayettes* nous feront raison cette fois-ci, ou bien ils *mettront la tête à la fenêtre* de la petite machine qui est sur la table.

En disant ceci, chacun s'affubla du bonnet rouge qu'il avait dans sa poche, et tira le poignard caché entre la chemise et le gilet. Babouc et le Vieillard qui ne voulaient pas boire avec des *sophicides* et des *choses publicides*, des conspirateurs, des scélérats, qui, d'ailleurs, avaient dit devant Babouc tout ce qu'ils avaient à dire, profitèrent de l'instant où l'on versait des flots de Constance et de Tokai, pour s'esquiver et se rendre au spectacle, dont l'heure approchait à grands pas.

Néanmoins, leur première idée, en sortant, fut d'entrer dans un café quelconque, pour écrire bien vîte aux cinq satrapes, qu'un complot affreux, une conspiration terrible, menaçait *tout* le *palais* et tous les honnêtes-gens. Le billet n'en disait pas davantage. On avait le bonheur de prévenir un grand coup ; et l'on ne pouvait pas passer pour des dénonciateurs !

Le billet mis à la petite poste, ou donné à un commissionnaire, ils coururent à la comédie, sans s'amuser à raisonner de ce qu'ils avaient vu chez Bessus, et ils firent très-bien ; car à peine étaient-ils entrés et placés, que la toile sur laquelle étaient peintes toutes les beautés de la révolution persanne, fut levée peut-être une ou deux minutes après.

* * * * *

Babouc trouva la pièce que l'on donnait très-bonne, et digne vraiment d'être la suite de celle qu'on nomme, à juste titre, le chef-d'œuvre du grand auteur comique. Il ne put comprendre comment un émir, avec autant de talent, avait été un homme intrigant, un homme *tortionnaire*, ainsi que son cher collègue qui l'avait accompagné à l'heure fatale ; mais *Philintès*, ou la suite du *Misanthrope* persan , selon lui , devait trouver grâce , et l'on aurait pu pardonner aussi *au vieux Talapoin* (1) , dont la tête , à ce que Babouc avait peut-être lu dans le *grand papier universel* ou dans *la Clef du cabinet des potentats* , était beaucoup plus mauvaise que le cœur.

Le Vieillard lui répondit que quand on avait eu la barbarie de faire mourir un ancien satrape de 84 ans, le plus vertueux de son siècle (après un autre magistrat (2) , également assassiné , et dont le nom se trouve ici en note.) Un homme qui voulait que le sophi donnât lui-même une constitution plus solemnelle à la Perse (3) , un homme qui ,

---

(1) *Le vieux Talapoin* signifie en français *le vieux cordelier*. Ceci semblerait avoir quelque rapport avec Fabre-d'Eglantine et Camille Desmoulins , tant il y a des faits qui se ressemblent d'un pays à l'autre ! Mais il faut bien se donner de garde , eu lisant cet ouvrage , de faire la moindre application : l'auteur s'est expliqué là-dessus assez clairement dans sa préface.

(2) Ce magistrat se nommait *Angranlès* ; depuis Zoroastre , c'était le mortel le plus sage , le plus digne que la Perse pût compter. On n'a jamais été vertueux, bienfaisant comme le juste *Angranlès*.

(3) Que ceux qui ont cru que la Perse, avant tous ses malheurs , n'avait pas de constitution, ont été trompés cruellement ! C'est comme si l'on disait que les Persans n'ont eu une ame immortelle , qu'au moment où *l'incorruptible* fit proclamer l'immortalité de l'ame. Aucun homme ne peut exister sans une ame, de même qu'aucun gouvernement ne peut exister sans constitution.

malgré ses 84 ans, avait eu le courage d'être le défenseur du monarque; ni les arts, ni les sciences, personne ne pouvait être épargné : témoin, lui dit-il, ce savant chimiste, ce nouveau Prométhée, qui ne demandait que quinze jours seulement, pour achever la plus belle et la plus utile de toutes les expériences, et qui fut immolé sur l'heure, parce que la chose publique persanne n'avait pas besoin de chimistes.

Pendant cet entretien, peu réjouissant dans un spectacle, le parterre et toute la salle faisaient un carillon presque aussi indécent que les deux chambres de Persépolis, quand elles tenaient leur sabat. Les uns voulaient que l'orchestre jouât le *réveil*; les autres *le sang impur*. Des voix de fosset prenaient plaisir à troubler les plus belles scènes, en criant tout-à-coup *à bas les faquirs !* — A bas les *cohens!* répondait-on. — Et les sultanes qui étaient assises aux premières places, à côté de Babouc, lui demandaient avec esprit, si c'était *la troisième* acte ou *la quatrième* qu'on allait donner ?

Pour achever de peindre, on entendait tous les colporteurs faire retentir la salle du cri de *la grande conspiration nouvellement découverte....* Babouc eût la curiosité, dans un entre-acte, d'acheter tous les

____

L'ancienne constitution de Perse, avec tous ses défauts, éclipsera toujours tous les chef-d'œuvres de constitution, créés et à créer pour assurer la ruine de ce pays-là.

journaux, croyant qu'il s'agissait de *Bavache* (1)
ou de *la conspiration des mouchoirs*, ou de ce qui
s'était passé au camp pendant la nuit ; car Persépolis, disait-il, n'est remplie que de conspirateurs !... Puissant Orosmade ! s'écria-t-il, en se frottant les yeux, crainte de rêver, ça ne se peut pas !...
Quoi, ce serait la même conspiration que nous
venons de dénoncer tout-à-l'heure dans un café !...
Oui, c'est elle, et bien plus, les coupables sont
arrêtés (2).

Quel étonnement et quelle joie en même temps,
pour Babouc et le Vieillard, de lire déjà tous les
détails, et de voir que l'émir qui s'était opposé le
matin à ce que les familles héritassent, ainsi que le
fouetté et marqué qui avait posé par-tout les *cachets*
et fait couper le cou à tout le quartier, allaient à la
fin expier leurs forfaits, à moins que les portes
de la prison ne leur fussent ouvertes exprès comme
au postillon *Drouetès*, ou que *la question intentionnelle* ne voulût leur être favorable et les sauver,
pour faire égorger tout le monde !

─────────

(1) Ce *Bavache* était à la tête d'une conspiration, à-peu-près
semblable à celle de *Babœuf* à Paris. L'un s'appelait *Babœuf*, et
l'autre *Bavache* ; il n'y a rien d'extraordinaire à cela.

(2) Cette célérité incroyable du pouvoir exécutif persan aura
dû foudroyer tous les *magicrates*, tous les gens qui ne cessent de
fronder le gouvernement, où tous ces gens-là auraient été indignés
d'avoir un bon gouvernement.

Voyez-vous,

Vous voyez, lui dit le Vieillard, que nonobstant la misère générale, les Persannes sont toujours bien parées. — Oui, répondit Babouc, pour des femmes d'émirs ou d'agioteurs ; mais elles n'ont pas de diamans. — Cette étrangère, vêtue aujourd'hui à la grecque, et demain à la romaine, reprit le Vieillard, est la *merveilleuse* qui donne actuellement le ton. Elle est riche celle-ci, a des diamans et de l'éducation : toute la Perse lui est pourtant redevable de la petite révolution *brûlantorienne* ! La belle sultane était incarcérée, et aurait péri avec les autres victimes ; pour lui rendre la liberté et la vie, un émir qui avait ses vues, et dont il a été parlé d'une manière très-impropre chez Bessus (1), prépara, exprès pour elle, et pour lui, le *9 thermidor*, qui, par hasard, sauva tous les honnêtes-gens détenus en foule dans les prisons. Les plus grands événemens, vous le savez, tiennent souvent aux plus petites causes, et la providence permet que les femmes y soient, presque toujours, pour beaucoup.

En promenant ses regards, Babouc remarqua que le beau monde de *la nouvelle Perse*, composé de *merveilleuses* et de *petits incroyables*, portoit des perruques jaunes, noires, brunes, etc, et que la taille des femmes, dans la chose publique per-

---

(1) Sous le nom de cocu de *la Notre-Dame des Fruits*. Son véritable nom était *Taliçnès* : la Perse a assez parlé de lui.

sanne, devait finir aux épaules, tandis que celle des hommes descendait au jarret. Il observa aussi qu'il était juste, pour marcher, d'avoir, homme ou femme, le pied long et effilé comme la pointe d'une aiguille ; ce qui lui fit dire que les persans avaient tout *révolutionné*, et qu'au premier moment, ils contraindraient le globe d'aller autrement. Quant aux perruques jaunes, aux habits carrés, aux souliers pointus, cela lui rappela les offres des pauvres fonctionnaires publics, qui avaient employé deux heures consécutives à lui délivrer une *carte*, avec laquelle on n'était point du tout en sûreté, parce qu'elle était rouge. Au reste, il rendit une justice éclatante aux fameux acteurs qui jouaient si bien, et dit au Vieillard que de tels sujets méritaient une nation moins décivilisée; mais qu'il fallait leur rendre la salle qu'on leur avait prise, et la réparer promptement, au lieu d'en faire des *Tyasès* et des *Odéonos*; afin que, par leurs excellentes leçons, ils pussent ramener un peu le goût, la politesse et l'urbanité, qui, comme on sait, avaient autrefois pris naissance dans Persépolis.

*   *   *   *   *

Le lendemain matin, le Vieillard vint témoigner sa joie à Babouc, de ce que le complot, grâce, sans doute, à leur visite chez Bessus, avait été découvert ; et c'est là qu'ils reconnurent tous les deux la sagesse du gouvernement, qui, en si peu de temps, et sur un simple billet, était parvenue à déjouer la conspiration la plus étendue, à en saisir, en un clin d'œil, toutes les ramifications, et à sauver enfin la chose publique, qui pourtant ne tenait plus qu'à un fil !

Actuellement que je connais *la colline*, dit Babouc, il me tarde d'être à ce soir, pour observer un peu comment on pense du bon côté. — Vous verrez, répondit le Vieillard, que *la prairie* n'est pas aussi scélérate que *la colline*, et que, quoiqu'on en dise, il existe de bons émirs qui ne font pas de mauvais calambours, et qui veulent sincèrement le bien de leur pays ; mais le peu d'influence qu'ils ont, fait qu'on ne les écoute guères.

Si vraiment il est démontré, dit Babouc, que quatre ou cinq, tout au plus, font mouvoir la machine, pourquoi s'obstiner à conserver chez vous tant d'être inutiles, qu'il faut nourrir, entretenir, enrichir, eux et les créatures de ces mêmes créatures ?

Ils servent à pousser, répliqua le Vieillard, et soutiennent avec leurs épaules d'Atlas, l'édifice qui serait bientôt écroulé, s'ils n'étaient que quatre ou cinq en tout.

Croyez-vous, reprit Babouc, que si *le Bourgeonné* avait réussi, la Perse s'en fût aussi bien trouvée que ce bavard d'orateur le disait hier chez Bessus ? Peut-on jamais être heureux par le crime, répondit le Vieillard ? L'exemple en est frappant, par les malheurs que tous les Persans éprouvent aujourd'hui.

Il faut avouer, dit Babouc, que la plupart de vos émirs mériteraient bien d'être écartelés. Comme les misérables se moquent de la chose publique et du peuple ! Est-ce qu'il ne serait donc pas possible de se défaire de cette maudite engeance, et de les chasser tous . . . . ? Comment voulez-vous chasser, dit le Vieillard, des gens qui ont la force en main, et l'exemple terrible de l'ancien gouvernement ; qui a eu la faiblesse de se laisser désarmer ? Vous les avez entendus se vanter d'avoir enchaîné une partie de la nation, par l'acquisition des biens défendus. D'ailleurs sept années de révolution n'ont pas corrigé les Persans. Le même esprit *tortionnaire* bouillonne encore dans leurs têtes. On sait que *Droüettes* est là, et on ne l'arrête pas. Bessus demain sera peut-être relâché ; d'après cela, je vous laisse juger ce que peuvent les monstres, et si la Perse marche à grands pas vers sa ruine. . . . .

Tout en raisonnant sur les malheurs de la Perse, Babouc, selon l'ancien usage établi en Scythie, fit apporter le thé, et ils déjeûnèrent, le Vieillard et lui, avant de sortir, pour éviter tous les pauvres

qui entraient jusques dans les cafés : ce qui n'annonçait point du tout, disait Babouc, la très-
grande magnificence de la chose publique persanne;
après quoi ils allèrent au muséum.

* * * * * * * *

A la vue de cette immense galerie de tableaux,
Babouc demeura presque interdit. Vous aviez gran-
dement raison, dit-il au Vieillard, d'être étonné
qu'une nation qui possède de pareils trésors, fût
aussi féroce, aussi barbare. — Il est malheureux
pour elle, répondit le vieux Persan, que ce dépôt précieux ne lui appartienne pas, et qu'il res-
semble un peu aux richesses de Bessus ; c'est-à-
dire, qu'il vienne aussi de tous les *condamnés* et
de tous les *disparus*. Les faquirs ont beau secouer
leurs torches, c'est une tache dont les Persans ne
pourront jamais se laver. Pour moi, ajouta-t-il,
je ne saurais entrer au *Muséum*, sans frémir et sans
songer qu'un incendie va peut-être consumer en
un instant ce qui, dispersé comme autrefois, aurait pu braver l'injure de vingt siècles.

Après avoir bien admiré les saintes familles, les
belles descentes de croix, les sujets un peu pro-
fanes, tous les superbes paysages, les petites pa-
godes et les grands vases, avec *la pipe* qui venait
de Constantinople, ils passèrent dans le sallon où

étaiént les nouvelles expositions , ne dirent rien , et descendirent rapidement au *Musée*, pour y contempler tous les beaux monumens qu'on avait artachés des mosquées et des places publiques : de là ils se rendirent au jardin *du sophi* ou *des plantes* , dans le dessein d'examiner le buste de *Linnée*, que les omars de faquirs avaient pris pour le sophi IX (qu'on a mis en tragédie), et qu'en conséquence ils avaient un peu mutilé.

* * * * * * *

Mais, dit Babouc, quand une statue représenterait le divin *Maratès*, ou l'incorruptible *Robespierrès*, si elle était bien faite, il faudrait la respecter. Il apprit, en frissonnant, que le fils du célèbre naturaliste, à qui la Perse devait l'établissement de ce jardin, et l'Asie les plus belles découvertes, avait été égorgé, pour acquitter l'éternelle reconnaissance qu'on devait à la mémoire du père. Quelle leçon, hélas ! pour les Persans, que ce pauvre chien (1) mort là de douleur, parce que

---

(1) Un autre chien, non moins fidelle, mérite encore plus de n'être pas oublié. Babouc va renouveler les douleurs de toutes les personnes honnétes , de toutes les personnes sensiblesc; mais il est envoyé pour tout dire.

La sultane-épouse avait, dans sa prison, un chien qui l'avait constamment suivi. Lorsqu'elle fut transférée *à la tuerie*, le chien y vint avec elle ; mais on ne le laissa pas entrer dans

ce fidèle animal venait de perdre le lion son ami, qui vivait, avec lui, renfermé dans la même cage, depuis plusieurs années. Parmi les os d'éléphans dont ce charnier est rempli, vous y trouverez, dit le Vieillard, les os du plus grand général (1) que la Perse ait eu, et aura jamais : vous savez qu'il reposait jadis dans le tombeau des sophis.

Quittons ces lieux, dit Babouc, et allons à l'olympe persan rendre hommage à tous les grands hommes.

* * * * * * * *

cette nouvelle prison. Il attendit long temps au guichet, où il fut maltraité par les *janissaires*, qui lui donnèrent des coups de bayonnettes. Ces mauvais traitemens n'ébranlèrent point sa fidélité ; il resta toujours près de l'endroit où était sa maîtresse, et lorsqu'il se sentait pressé par la faim, il allait dans quelques maisons voisines du palais, où il trouvait à manger ; il revenait ensuite à la porte de *la tuerie*. Lorsque la sultane-épouse a perdu la vie sur l'échafaud, ce chien veillait toujours à la porte de sa prison ; il continuait d'aller chercher quelques débris de cuisine chez les *traiteurs* du voisinage, mais il ne se donnait à personne, et revenait toujours au poste où sa fidélité l'avait placé. Il y était encore l'été dernier ; on ne sait pas ce qu'il est devenu : sans doute il est mort de sa douleur. » Bon chien, tu vivras à jamais dans l'histoire ! Cette anecdote a été extraite de l'almanach persan des honnêtes gens.

(1) Quiconque a lu le beau siècle du sophi surnommé le Grand, connaît *Turennes*. Ce général fut emporté par un boulet de canon.

Cette belle *coupole* hardie fit plaisir à Babouc, et en regardant *la façade*, il applaudit de tout son cœur aux efforts réitérés de l'artiste. Je suis fâché cependant, dit-il au Vieillard, qu'on ait osé ôter à ce temple son ancien nom, pour lui en donner un profane aujourd'hui. Il me semble que, puisque le génie vient d'Orosmade, le génie devrait toujours reposer dans un lieu saint. L'écroulement dont cet édifice est menacé , prouve déjà que la vengeance céleste. . . . . Mais, quand Babouc n'aperçut dans l'*olympe* que deux ou trois immortels seulement, il jugea que les Persans avaient tout-à-fait perdu la tête, et qu'au lieu de les exterminer, Ituriel pourrait essayer de les faire traiter. Il fut encore bien mieux convaincu de cette pensée , lorsque le Vieillard lui eut expliqué que, pour obtenir les honneurs de la place, il fallait une loi expresse des cinq cents émirs, sanctionnée ensuite par les deux cent-cinquante vieux sages de la Perse ; que , sans cela , on ne pouvait pas entrer.

Comment ! s'écria Babouc, l'inimitable fabuliste (1), le poëte comique, les deux tragiques , le vertueux archimage et son éloquent adversaire,

----

(1) Fameux auteurs qui , dans la langue persanne , égalèrent Lafontaine , Molière , Corneille et Racine , Fénelon et Bossuet, madame Deshoulières, la marquise de Sévigné , Massillon , etc. etc. , etc.

le grand satyrique, la bergère naïve, le modèle épistolaire, le petit ramadan, et tous les autres talens qui les suivent, n'entreront pas sans une loi expresse, qu'on aura sanctionnée?... Mais les législateurs de la Perse ne s'entendent donc pas plus à placer les grands hommes, qu'à faire de bonnes lois, et rendre le peuple heureux? Au reste, il remercia le ciel d'avoir permis que la cendre des écrivains qui s'étaient le plus distingués par leurs talens, la pureté de leurs mœurs et leur respect pour la religion, n'eût pas été souillée, en se trouvant transférée dans un temple devenu impie, temple érigé sur l'ancien par l'athéisme et tous les crimes. Ici seulement, dit le Vieillard, doivent reposer pour toujours le *Fataliste et son Maître* (1), *l'Esprit, l'Homme Plante*, *le Systême de la Nature*, *le Bon Sens*, *le Compère Mathieu*, *Thérèse Philosophe*, et *le Portier des Chartreux*. Le bon Vieillard crut reconnaître, avec Babouc, le doigt de la providence, lorsqu'elle avait voulu que le génie qui honora peut-être le plus le monde, fût relégué là, pour punition des traits insensés que, dans ses écarts, il avait lancés contre tout ce qu'il y a de plus auguste; la même chose pouvait s'appliquer à l'autre génie, plus réfléchi, mais non moins téméraire, et pour qui les Persans, en délire, avaient fait aussi les frais de l'apothéose. Quant à ce fameux orateur, mort empoisonné, le seul de la révolution dont parlera l'histoire, il ne fallait pas le porter dans l'olympe

_____

(1) Ouvrages traduits du français.

persan, dit le Vieillard ; mais on aurait pu, pour servir d'exemple, laisser ce malin esprit, puisqu'il y était entré. Lorsque Babouc sut que les faquirs avaient envoyé leur *Marotte* en ce lieu, il douta que personne dorénavant voulût y entrer, à moins que ce ne fussent tous les législateurs de la Perse, l'un après l'autre.

Ils s'arrêtèrent devant le grand poëte Persan ; et, pour lui rendre hommage, ils récitèrent les plus beaux vers de sa *sophiade*, le commencement de quelques chants, avec des tirades choisies *de sa virginale*, tous les morceaux admirables où il sait si bien faire aimer la vertu en la couronnant de fleurs, et haïr le vice en le couvrant d'un ridicule ineffaçable ; ils oublièrent les momens d'impiété, les faiblesses et les erreurs inséparables de l'humanité, pour ne considérer absolument que le grand homme.

Alors le Vieillard dit à Babouc, qu'il n'était pas concevable qu'un émir, qui jadis avait du bon sens, eût eu le malheur aujourd'hui, après avoir tant encensé, tant tâché d'imiter le grand poëte Persan, de demander qu'on chassât cet écrivain ; que probablement il rêvait aussi, quand il osa s'opposer à l'admission du célèbre *précurseur* du fameux *attractionnaire* ; à moins que ce ne fût pour les sauver tous deux d'un lieu aussi impur ! Ils pardonnèrent l'un et l'autre à l'âge, à quelques secrets mouvemens de jalousie ; et ils laissèrent tranquille ce bon émir , fort estimable d'ailleurs , et avec lequel ils devaient souper en loge égyptienne , sans dire de lui qu'il entrerait *l'an deux mille quatre cent quarante*, ou qu'il n'entrerait jamais dans l'Olympe avec son *bonnet de nuit , sa brouette* et son *tableau de Persépolis.*

Ensuite ils se retournèrent vers l'autre philosophe ; et pour l'honorer aussi , ils répétèrent plusieurs fragmens de son traité sur l'éducation , récitèrent , presque en entier , la profession du *Mage Samoyède ,* les traits les plus touchans de sa sensible et malheureuse amante. Ils chanterent : *Non , Corine n'est pas trompeuse. . . . . A la cour on est plus aimable ; au village on sait mieux aimer. . . .* Mais ils le plaignirent de s'être mêlé d'un maudit *acte social*, et d'avoir écrit , quelque part , *qu'il eût fallu tuer le premier qui dit : ceci est à moi. . . ;* et dans un autre endroit : *sitôt que quelqu'un dit , des affaires de l'état , peu m'importe , l'état est perdu.* Ils le plaignirent , en même temps , d'avoir eu l'esprit trop farouche, trop sophistique , et de s'être emporté contre les arts et les sciences, qui faisaient sa plus grande gloire ; comme le lui disait alors le grand poëte persan , qui , de son côté , n'aurait jamais dû se brouiller avec ce grand homme.

Pour faire toutes ces courses - là , Babouc avait été obligé de passer par le faubourg (1) , qui ,

____

(1) Voy. le Babouc de Voltaire.

lors de son premier voyage, lui avait donné de l'humeur, à cause des habitans, des maisons et de cette mosquée, où l'on chantait si mal, et de cette terre que l'on remuait avec des pelles et des pinces, pour y jeter ensuite un cadavre ; mais il aurait voulu, pour tout au monde, être obligé de se boucher le nez, de fermer ses oreilles, et retrouver le temple ouvert aujourd'hui, parce qu'on y louait au moins le grand Orosmade, et que, dans ces temps de bénédictions, on ne commettait point d'atrocités. Au reste, il trouva le faubourg encore plus mal-propre, les habitans plus hideux, et devenus très-insolens. Il pensa que l'ange Ituriel, avant de détruire Persépolis, ne ferait peut-être pas mal de commencer toujours par abattre tous les faubourgs, et qu'ensuite on verrait si les persépoliens veulent se corriger.

* * * * * * *

Babouc vit dans la loge égyptienne que la bonne compagnie, malgré toutes les horreurs du temps, n'était pas encore tout-à-fait éclipsée de Persépolis. — Ce sont les seuls et derniers restes du plus beau siècle, lui dit le vieillard. Vous venez d'embrasser celui que les Faquirs ont persécuté, et que les amateurs de la prétendue sagesse du dix-huitième siècle, craignent comme le feu : il fut l'élève et l'ami du grand poëte persan. — Je sais que le maître avait prédit de grands succès à son disciple, répondit Babouc. Alors il embrassa aussi, trois ou quatre fois, l'auteur des contes Moraux; celui des Géorgiques, en vers persans; le Mage qui faisait parler les sourds et les muets; l'auteur du roman de Paul et Virginie; le savant traducteur d'Othello et de Macbeth; le bonhomme qui a recueilli les épreuves du sentiment; le jeune auteur du Vieux Célibataire; celui de la Mort d'Abel; celui de la Femme Jalouse; celui de l'Ecole des Pères; l'auteur d'Agamemnon; celui des deux Veuves; le Cousin Jacques de la Lune; plusieurs Journalistes piquans, et dont les feuilles méritent d'être soigneusement conservées, telles que l'Accusateur, la Quotidienne, le Grondeur, la Chronique de Persépolis, les Annales Universelles, le Semainier et beaucoup d'autres, dont il a déjà été fait mention dans cet ouvrage. L'accolade fut donnée, en même-temps, à tous les faiseurs agréables de Vaudevilles et aux premiers acteurs de Persépolis. Puis serrant la main du bon émir, qui, dans un moment de mauvaise disposition, sans doute, avait voulu qu'on chassât de l'Olympe le grand poète persan, et qu'on n'y déposât pas les cendres du célèbre *Tourbillonnaire*; je n'ai pas pris la chose à la lettre, lui dit Babouc. Au reste, je suis assez de votre avis pour le rétablissement des loteries; car, ajouta-t-il, en souriant, on a beau vouloir moraliser; il faudra toujours, chez les peuples condamnés à vivre en société, laisser quelque porte ouverte à la fortune : certains vices, dit-on, doivent être tolérés, pour en arrêter d'autres plus dangereux.

Des sept administrations de la chose publique persanne, il n'y avait là que deux ministres ou satrapes ; celui de la police, à qui Babouc avait déjà parlé, en allant réclamer son bâton, et *Bénézechès*, surnommé l'ami des arts. On assure que ce dernier aurait été un second *Colbertès* dans tout autre gouvernement que celui de Perse. Ce ministre eut beaucoup de part aux caresses de Babouc, qui causa fort long-temps avec lui, ainsi qu'avec l'emir si habile en chimie, et quelques autres émirs versés dans la littérature, l'étude des lois, et les secrets de la diplomatie ; mais tous aimables, et fait tous pour souper. Deux ou trois des cinq *satrapes* arrivèrent *incognito*. On les aurait eus peut-être tous les cinq ; mais il fallait bien que quelqu'un restât dans le *Palais :* on ne peut pas, comme on sait, quitter tous à la fois la maison.

La première chose qui frappa Babouc, ce fut de voir que les émirs comme il faut ne se servaient que du mot poli de *seigneur*, qui convient bien mieux que celui *d'habitant*, qui ne doit jamais se donner lorsqu'on adresse la parole, mais que l'on peut fort bien employer dans une phrase pour faire l'éloge de quelqu'un, pourvu que la personne mérite réellement le titre respectable *d'habitant*, et ne soit pas un faquir ou un agioteur.

Il fut arrêté que, vu les circonstances actuelles, pour pouvoir parler librement, et ne donner aucun ombrage au gouvernement qui tremblait toujours comme une feuille, on n'ouvrirait point la loge. Le Vieillard en fut d'autant plus mortifié qu'il s'était promis de céder tous les honneurs à Babouc : celui-ci le pria de n'y plus songer. Un émir, cependant, avait préparé un beau discours et un petit rapport (car tous les émirs étaient forts pour les discours et pour les rapports) ; mais il les garda dans sa poche, sans même demander qu'aucune commission fût nommée pour les examiner. L'auteur se contenta simplement d'en lire, à la dérobée, le plus de fragmens qu'il pût aux convives qui étaient assis à côté de lui. Il s'agissait, dans ce discours, à ce que Babouc crut entendre, de prouver que la liberté et l'égalité étaient des chimères, et que la liberté et l'égalité n'existaient pas même en loge.

Babouc fut enchanté du ton qui régnait dans cette société. Il trouva là des caractères mâles ; non pas de ces hommes qui aiment les révolutions, parce qu'ils ont eu le secret de s'y enrichir, mais des hommes qui savent les supporter, quand elles sont arrivées, et qu'elles leur ont tout ôté. Amis de la liberté par principes, ils avaient, comme Babouc, une si haute idée des choses publiques, qu'ils n'auraient jamais osé , par respect , en donner une à un grand peuple , de peur que ce peuple n'eût pas été digne de la recevoir.

On s'entretint , pendant tout le souper , des moyens de ramener les mœurs , et de rendre les hommes moins malheureux , en les rendant plus raisonnables. Il fut question de nos lois ; plusieurs émirs voulaient que , sans mœurs , il n'était pas possible d'avoir de bonnes lois. Babouc prouva , lui , que c'étaient , au contraire , les lois qui faisaient les bonnes mœurs ; mais qu'il fallait faire très-peu de lois ; et tout le monde se rangea de son avis.

On parla beaucoup de la décadence générale des arts et du goût ; de la fête qui devait se donner au champ de Bellonne , des petits soupers charmans qui se faisaient , il y a trente ans , et de la difficulté que les honnêtes gens éprouvaient aujourd'hui à se réunir. La grossièreté féroce qui règne , les crimes que produit l'égoïsme , quand il n'a plus de pudeur ; tout cela fut mis sur le tapis , pour être pesé strictement ; il fut décidé que les Persans tombaient , de jour en jour , dans la barbarie , que la Perse avait trop brillé , et qu'elle suivait les lois de tous les autres empires qui avaient brillé comme elle ; que ni les écoles *centrales* , *normales* , ni l'école *polytéchecnicos* , ni la *tachigraphos* , ni les *hiéroglyphigraphos* , ni l'uniformité des poids et mesures , ni les fêtes au champ de Bellonne , avec les hymnes qui

qui s'y chantent, ne la sauveraient pas : que sa ruine était inévitable. On douta même un instant si *les deux chambres et le palais*, malgré la sagesse et la beauté de leur institution, ne hâteraient pas encore plutôt le moment terrible , par certaines raisons que souvent il serait dangereux de vouloir trop approfondir.

S'il s'était trouvé à souper quelque ignorant ou quelque fripon , quelque *Merlinès*, il aurait contesté et voulu prouver que le plus beau pays qui fût en Asie, ne tomberait jamais *comme - ça* dans la barbarie ; que la liberté , au contraire , allait donner à la Perse un éclat et une splendeur, qu'elle n'avaient jamais eus, et qui devainnt effacer , sans difficulté, les beaux jours d'Athènes et de Rome ; mais heureusement il n'y avait point de faquirs parmi eux. On était tous sages rassemblés, tous hommes de bonne foi, des clair - voyans, qui ne savaient pas se faire illusion, et qui ne connaissaient que trop la marche rapide du temps et la chûte nécessaire des empires.

Alors, on se recueillit pendant quelques minutes, comme pour exprimer la résignation avec laquelle le vrai croyant est obligé de se soumettre ici bas : après quoi on proposa de boire à tous les gouvernemens et à toutes les opinions possibles sur cet article. Ensuite on but à la chose publique Persanne, par excellence , afin qu'elle se soutînt tant qu'elle pourrait.

D

On retomba sur la dépravation des mœurs, et chacun avoua que l'irréligion était poussée au dernier période. L'athéisme affreux du gouvernement parut infame, et contraire même à toute politique. Ils n'agitèrent point quelle religion il fallait, parce qu'il n'y en a point d'autre pour un peuple que celle qu'il a toujours eue ; d'ailleurs, la religion des Persans, reprit l'auteur de *Philoctète* et celui des *Contes moraux*, était trop belle, trop imposante, pour oser y toucher. Chez elle, tout parle aux yeux, tout frappe le cœur ; il fallait donc la conserver ; elle est majestueuse, enchanteresse, et digne seule du grand Orosmade. Les bons émirs, qui n'étaient pas des sots, convinrent qu'il n'y avait que les philosophes faquirs au monde, capables d'avoir voulu toucher à la religion, et d'avoir voulu dédier des temples à la raison, qui n'a jamais pu y entrer. Tous les *philosophes* qui s'étaient mis à faire *des feuilles*, et qui s'imaginaient qu'on devait les écouter comme des oracles, dirent quelques jours après, à tous leurs abonnés, pour se venger, que les bons émirs étaient des *fanatiques*, qui voulaient le Dieu, la religion et le gouvernement de leurs pères : et de *la Sentinelle*, papier très-immonde, l'invective passa dans le journal *des Tygres* ; et du journal des *Tygres*, dans le *Batave* ; et du *Batave* dans l'*Ami du Peuple*.

« Où tout s'abîme sans retour. »

Cet entretien les amena naturellement à parler

(50)

du grand poëte persan. Tout adorateurs qu'ils
étaient de ses ouvrages, ils ne purent s'empêcher
d'avouer que trop souvent il avait prétendu ridi-
culiser ce qui n'était point ridicule : mais ils se gar-
dèrent bien de lui contester sa qualité de grand
homme, et de songer à le chasser de l'olympe persan, où la première place devait lui être assignée,
là et par-tout, comme un des plus beaux génies,
qui aient existé depuis que le monde est monde.
Le bon émir en question écouta tout et ne dit
mot.

Le Vieillard, qui avoit été lié particulièrement
avec le grand poëte persan, entreprit de vouloir le
justifier un peu, en disant que cet homme universel
lui avait assuré un jour que les plaisanteries qu'il
faisait, n'étaient point du tout dans le dessein d'attaquer la religion, que personne ne pouvait attaquer ; mais pour écraser l'ambition sacerdotale,
qui cherchait à renverser le trône, et établir le gouvernement théocratique : Voilà pourquoi, dit le
Vieillard, il se servait toujours du sarcasme et de
la plaisanterie. Mais, si dans l'olympe persan, ce
grand homme pouvait parler, vous l'entendriez se
plaindre d'avoir mérité d'être là : il vous repro-
cherait lui-même votre impiété, vos sacriléges,
votre athéisme ; et, pour vous prouver son sincère, mais trop tardif repentir, vous le verriez
déchirer, à la face de l'univers, son *dictionnaire*,

les mauvais endroits de sa *Virginale*, et toutes les
pages de son *Ezourveidam enfin expliqué.*

Toute la compagnie répondit qu'elle savait bien
que le sophi avait été entouré d'embûches de toutes
parts, et que le grand poëte persan, loin d'être la
cause immédiate de la révolution, ainsi que beaucoup de personnes le croyaient, avait au contraire
fait tout ce qu'il avait pu pour l'empêcher d'arriver, en frondant courageusement les abus, et en
offrant, à chaque page, les moyens d'extirper le
mal; mais, ajoutèrent-ils, le gouvernement voulait
se précipiter avec nous dans l'abîme. Au reste,
dirent-ils, ce ne sont point les livres qui font les
révolutions, mais bien les scélérats, les philosophes faquirs, qui sont de tous les temps et de tous
les lieux.

Là-dessus, ils convinrent que les mêmes horreurs
que l'on voit aujourd'hui, auraient existé il y a
soixante ans, si, à cette époque, on se fût avisé
de renverser la religion, et de briser tous les liens
de la société; que les hommes avaient été, et seraient toujours les mêmes, et qu'on ne les changerait pas; que la révolution persanne, par conséquent, était tout-à-fait inutile; qu'elle était une
abomination, une monstruosité, et qu'Orosmade,
sans doute, avait permis qu'elle arrivât, pour confondre l'orgueil de l'homme, et servir d'exemple
à tous les siècles à venir.

Cependant, ils ne nièrent pas que, dans son

principe, la révolution avait eu quelque chose de séduisant, et qu'il n'était point extraordinaire que ceux qui n'avaient pas vécu, qui ne connaissaient pas encore le cœur humain, eussent été portés pour elle; que beaucoup d'honnêtes gens l'avaient aimée alors, sans en prévoir les conséquences. Mais ceux qui détestaient la révolution, originairement, et qui, aujourd'hui, ont l'air de l'aimer, et de vouloir en faire l'éloge, furent regardés, au souper, comme des hommes bien dangereux et bien fripons; tandis qu'on loua beaucoup la franchise de plusieurs, qui confessaient de bonne foi avoir été dupes, dans toute la force du terme : ils se moquèrent de ces êtres suffisans, qui se font toujours un mérite, selon les circonstances, de n'avoir jamais voulu être de tel ou tel parti, parce qu'ils savaient bien, disaient-ils, que les choses devaient tourner de cette manière. Le résultat de la conversation fut de maudire, et de livrer à l'exécration éternelle tous les traîtres; les brigands infames, qui, dans cette vallée de misère et de larmes, suscitaient exprès les révolutions, sous prétexte de réformer les abus, et de vouloir donner des constitutions aux peuples qui étaient supposés n'en avoir pas encore; comme si chaque empire pouvait s'être formé sans une charte constitutionnelle! Comme s'il n'existait pas par-tout un code de lois! excepté dans la nouvelle Perse, où l'on vit sans foi, sans loi, et sans mœurs.

Plusieurs s'étendirent sur la fameuse conspiration qui venait d'éclater, sans qu'aucun d'eux pût se douter que c'était à l'envoyé d'Ituriel qu'on était redevable de cette importante découverte. Tout le monde plaignit la Perse d'être livrée à une foule de scélérats, d'hommes ineptes et débauchés, incapables de se gouverner eux-mêmes, à qui l'homme le plus insensé ne voudrait pas confier le soin de sa maison pendant huit jours. On avoua tout bas, et en rougissant, qu'il y avait des émirs qui ignoraient jusqu'aux lois qu'eux-mêmes avaient rendues, et que la majeure partie des législateurs persans seraient fort embarrassés, si, en sortant de l'assemblée persépolienne, il fallait rendre un compte sommaire de ce qui a été dit et fait dans la séance.

Cependant ils rendirent cette justice, que tous dans *la colline*, ne ressemblaient pas précisément à l'orateur qui venait d'être arrêté chez Bessus, et qu'on avait toujours tort, en parlant d'un parti, quel qu'il soit, de vouloir envelopper tous les individus qui le composent ; que plusieurs de *la colline*, jeunes encore, s'étaient laissé entraîner par *des meneurs* ; que si quelquefois ils avaient eu le malheur de s'égarer et de nuire machinalement, ce n'était pas tant leur cœur qu'il fallait accuser, que les circonstances qui avaient tiré du néant ces misérables jeunes gens, pour leur faire jouer un rôle qu'ils n'auraient jamais joué sans la révolution persanne. Ils en citèrent plusieurs d'un caractère as-

mable et sensible il y a dix ans, et que l'on pourrait, ajoutèrent-ils, retrouver encore tels aujour-
d'hui, si l'on voulait être plus indulgent, tirer un
peu le rideau, et se dépouiller de tout esprit de
parti, si éloigné de remédier aux maux qu'on a
souffert; mais du sang! du sang! est l'horrible cri
universel, et personne ne veut céder, personne ne
veut pardonner. Parmi les meilleurs de nous tous,
dirent-ils, en est-il un sans reproche? Hélas!
non.

Babouc ne put s'empêcher de témoigner sa surprise aux bons émirs, de ce que, vertueux et
éclairés, comme ils l'étaient, ils ne se montrassent
pas davantage à l'assemblée persépolienne, qu'ils
ne prissent pas plus d'ascendant sur les faquirs, et
qu'ils laissassent passer et sanctionner, à chaque
instant, des choses qui étaient affreuses et désho-
norantes. N'est-il pas abominable, dit Babouc,
qu'un homme, avec cinq ou six dariques d'or,
puisse rembourser une somme réelle de cinquante
ou soixante mille scudis, et qu'un autre, avec à-
peu-près autant, aille s'emparer de la plus belle
ferme du pays, aux dépens du véritable propriétaire, que le désespoir forcera définitivement à se
jeter dans l'Araxe, ou par la fenêtre du grenier
qu'il habite, comme cela se voit presque tous les
matins? La loi sur les remboursemens ne pouvait
être bonne que pour punir l'usurier qui vous a
volé les dix-neuf vingtièmes, ou pour protéger

un pauvre débiteur, à qui des créanciers impitoyables n'auraient pas eu l'humanité de laisser un malheureux toit pour se réfugier ; mais ces deux cas exceptés, elle est infame, et digne d'avoir été faite, comme le reste, par tous les brigands de l'Arabie.

Laissez faire, répondirent plusieurs émirs, les coquins à la fin, seront punis, on les forcera de restituer ; mais il faut attendre : le peuple est encore trompé trop cruellement par la *colline*. — Et pourquoi ne pas parler au peuple, répartit Babouc ? N'êtes-vous donc pas faits pour lui désiller les yeux ? Que craignez-vous ? — Les bons émirs lui firent entendre que le salut de la patrie exigeait bien des ménagemens ; que certaines vérités prématurées pourraient être dangereuses ; que d'ailleurs il était naturel de ne pas chercher à se faire égorger. — J'entends, répliqua Babouc, avec un sourire amer, et je vois que tous les émirs seraient très-volontiers des *Brutus*, pour faire périr leurs fils, et même leur famille entière, s'il le fallait ; mais que pas un n'aurait le courage d'être un *Décius*, et de s'immoler lui-même, pour sauver son pays. — Que voulez-vous, dit un des vieux sages de la Perse ? le mauvais principe, dans l'assemblée persépolienne, malheureusement l'emporte sur le bon principe. — En ce cas, rétorqua Babouc, on peut assurer que vous avez une assemblée très-manichéenne. Ils demeurèrent un peu confus, et l'on continua toujours à s'entretenir des choses les plus importantes.

Que pensez-vous de la chose publique persanne, demanda Babouc ? Croyez-vous qu'elle puisse se soutenir, et qu'elle ne soit pas un voile, sous lequel tous les partis viennent se cacher, jusqu'à ce que le plus heureux puisse le découvrir, et faire couronner son sophi ?

Vous faites une question, reprirent les bons émirs, à laquelle toutes les deux chambres seraient fort embarrassés de répondre. — Mais pourquoi la chose publique persanne ne se soutiendrait-elle pas ? C'est qu'elle serait donc absolument impossible ?... Que personne n'en voudrait ?.... S'il en était ainsi, il faut penser que la chose publique aurait assez de raison pour sentir elle-même qu'on ne peut pas rester chez les gens malgré eux, et qu'elle se retirerait, sans qu'on s'en aperçut, en gémissant seulement de ce que les Persans n'auraient pas eu le bonheur d'avoir été faits pour elle ; et alors tout le monde l'embrasserait et lui souhaiterait le bon soir. Mais il est probable qu'un tel malheur n'arrivera pas, et que la chose publique persanne, une et indivisible, sera impérissable, malgré la barbarie dans laquelle on tombe insensiblement. Au reste, parler d'un sophi, d'ici à long-temps, c'est un crime de lèze-émirs. — Mais enfin, dit Babouc, supposé le cas où l'on serait forcé d'appeler quelqu'un ; sur qui pourrait-on jeter les yeux ? — Sur

l'héritier légitime, le seul et véritable prétendant,
répondirent sans hésiter les bons émirs : toute la nation persanne est d'accord là-dessus, excepté les
coquins. — Ma foi, dit Babouc, avec de tels sen-
timens, vous étiez nés pour vivre dans une chose
publique telle qu'il n'en existe pas. — Les principes de la nôtre sont admirables, répondirent les
bons émirs, et c'est ce qui nous fait souvent trembler; parce qu'il ne faut pas aux hommes, de ces
gouvernemens trop parfaits. Le plus difficile
pour nous, c'est de changer absolument les mœurs
d'un bout à l'autre; car les principes ne suffisent
pas; il faut qu'un gouvernement soit dans les
mœurs d'un peuple, puisque c'est le gouvernement
qui est fait pour le peuple, et non le peuple pour
le gouvernement. Achevons nos travaux immortels;
si, par hasard, nous avons bien fait, nos arrières-
neveux en recueilleront seuls le fruit; mais qui ne
travaille que pour soi, dit Zoroastre, n'est bon
pour personne.

Le Vieillard, en homme très-sensé, et aussi
porté que Babouc pour la chose publique, aurait
désiré, qu'au lieu de changer les mœurs, d'un bout
à l'autre, on eût essayé plutôt de ramener celles
qu'on avait jadis; et pour cela, il offrit aux satrapes, qui commençaient peut-être à s'ennuyer,
un moyen tout simple, c'était de ressusciter, si
l'on pouvait, le beau siècle du sophi surnommé le
grand. Vous êtes cinq, leur dit-il, commencez

par établir la cour la plus brillante; que les ris,
les jeux et les grâces viennent auprès de vous. Il
faut absolument au peuple un modèle; et c'est vous
qu'il imitera; vous aurez chacun, comme de raison, une sultanne belle, vertueuse, aimable et
faite, ainsi que vous, pour régner. Le rang de *satra-*
pesses, qu'elles auront, les rendra, à coup sûr,
respectables et majestueuses; mises avec goût et
avec décence, elles donneront le ton à toute la
Perse, et l'on verra bientôt renaître l'ancienne
chevalerie, l'ancienne politesse. Pour rendre la
cour plus agreable, elles tâcheront de n'avoir jamais la migraine, au moins toutes à la fois, et sur
cela, rien de si aisé que de s'arranger entre elles,
dans un petit comité, et de choisir chacune leur
jour.

Votre cour étant bien organisée, on aurait soin
de faire circuler à foison le peu de bons ouvrages
imprimés depuis cent ans. Je voudrais que tout ce
qui n'a point un caractère d'originalité, tout ce qui
ne porte pas l'empreinte du génie, fût brûlé. Je
laisse de côté la religion, parce qu'il faudrait sur
le champ restituer le trône, et vous retirer tous
dans vos foyers : cependant, sans religion, point
de gouvernement..... Enfin, pour achever le plan,
chacun reprendrait imperceptiblement les mœurs
de ses bons aïeux, et les Persans deviendraient
reconnaissables. Je vous donne mon projet pour ce
qu'il vaut, dit le sage Vieillard; mais je crois que

ce serait-là le seul moyen de consolider réellement la chose publique, et d'écraser le sophialisme, auquel il faut bien prendre garde; car on a beau dire, la Perse ayant été pendant plus de quatorze cents ans monarchie, était visiblement née pour être chose publique.

L'idée du Vieillard fut trouvée excellente, lumineuse, et tous les beaux esprits du Vaudeville, sur-tout, engagèrent les *cinq* à mettre le projet à exécution. Ils firent même sur le champ des couplets là-dessus, très-piquans, très-jolis, et qui depuis, leur ont valu quelques froides épigrammes, dans l'*immortelle* épître sur la calomnie, par le poëte *Chenillès*, de *la colline*. L'aimable société croyait déja voir le beau siècle du sophi surnommé le grand. Dans cette douce espérance, on se leva, on s'embrassa, et chacun remercia mille fois le bon Vieillard d'avoir présenté un étranger aussi respectable que Babouc; mais avant de se séparer, on voulut que le musicien nommé *Garatès*, qui chantait comme Apollon, donnât au moins quelque chose de *maçonnique*. Alors il chanta, sans se faire prier, et avec toute la grâce qui le caractérise, ces paroles, faites bien avant la révolution, pour la loge la mieux composée peut-être de toute la Perse.

Air : *Résiste-moi belle Aspasie.*

Amour viens rire à notre fête,
A nos mystérieux accords ;   (*bis*)

Mais n'allume point ces transports
Qu'évite le plaisir honnête.
Ce temple où travaillent nos sœurs,
N'est pas la profane Cythère ;
La vertu s'y pare de fleurs ,
Et Zoroastre nous éclaire.   (*bis*)

Au regard curieux , avide,
Ce lieu n'est pas toujours offert ; (*bis*)
De nos argus , chaque œil ouvert ,
Vaut un Lynx du palais d'Armide:
Vainement ton art enchanteur
Se flatterait d'obtenir grâce ;
Admis en frère visiteur ,
Tu donneras le mot de *passe.* (*bis*)

Ce mot, il se glisse à l'oreille ;
Dis, quel sœur veux-tu choisir ? (*bis*)
Ah ! c'est enflammer ton désir ,
Tu voudrais le sort de l'abeille !
Non , tu n'es plus ce Dieu sournois ,
Ce vainqueur de toutes les belles :
Depose l'arc ; mets ton carquois
Aux pieds des deux sœurs sentinelles. (*bis*)

Passe enfin , ta route est tracée ,
Vois ce *jardin* délicieux ! (*bis*)
L'innocence règne en ces lieux,
Comme aux bosquets de l'Elysée.
Point d'accueil aux méchancetés ,
Nul encens à la fierté vile ;
Des bienfaits sont les voluptés
Dont on s'ennivre en cet asile. (*bis*)

De nos plaisirs , heureux présage !
A tous l'amitié tend les mains ; (*bis*)

N'existant plus chez les humains ,
On la retrouve en ce bocage ;
Trop sincère avec ses égaux ,
L'amitié critiquait le vice ;
Elle préside nos travaux ,
Et c'est notre législatrice.   (bis)

Mais si du ciel l'auguste fille ,
Des mœurs observe et suit les pas ,   (bis)
La gaîté naît en ces *climats* ,
Renaît *persanne* , et toujours brille.
Tu peux dire tous tes bons mots ,
Enseigner ta philosophie ;
Les Maçons ne sont pas bigots ,
Ils souffrent l'aimable folie.   (bis)

Prends ton harmonieuse lyre ,
Pour nous chanter l'égalité ,   (bis)
Les douceurs de la liberté ,
Les sages lois (1) de notre empire ;
Chante sous ces myrthes naissans ,
De nos sœurs l'esprit , le mérite ,
Egaye , égare un peu tes sens ,
Aux ris , aux jeux , tout nous invite. (bis)

Près d'une sœur enchanteresse ,
Un jour de fête on peut oser ,   (bis)
Quand tu ravirais un baiser ,
On excuserait ton ivresse.
Certain de vaincre en ce combat ,
Tel que Dorat , prends ,... reçois ,... donne...
Les baisers du charmant Dorat
Sont faits pour la beauté maçonne.   (bis)

------

(1) Malheureusement ceci ne peut pas s'appliquer à la chose
publique persanne.

Dans les mystères d'Eleusine,
On eût pu les initier ;   (bis)
Sous ce cordon, ce tablier,
C'est sœur Vénus ! sœur Euphrosine !
Verse à tes sœurs, bois le nectar,
Et rassemblant ton feu lyrique,
Sur le ton du gentil Bernard,
Fais-leur quelque joli *cantique.*   (bis)

Rassurez-vous, sœurs séduisantes,
De tout temps amour fut maçon ;   (bis)
Il fit votre réception.
Vos armes sont bien plus puissantes !
Composant son air et sa voix ;
En loge il fait le bon apôtre :
Soit dit entre nous, son minois
Est moins dangereux que le vôtre.   (bis)

Babouc et le Vieillard enchantés s'en retournèrent, en parlant de la belle voix de *Garatès*, et du bonheur qu'on avait encore de pouvoir souper avec autant de gens aimables. A chaque poste, et à tous les coins de rues, ils furent obligés d'exhiber leurs *cartes*, parce qu'il se faisait déjà tard ; mais ils eurent le bonheur de ne point coucher au corps-de-garde, et d'en être quittes pour quelques menaces. Quel malheur, disaient-ils l'un et l'autre, que ce soient toujours les coquins, et jamais les honnêtes-gens, qui gouvernent ! Ceux avec qui nous avons soupé, sont en état de faire mouvoir comme il faudrait la machine ; et c'est précisément eux qu'on écarte ! Il est bien malheureux que la chose publique persanne ne puisse pas être conduite par un seul ; les choses en iraient bien mieux, et tout le monde serait content.

* * * * *

Le jour de la fête des triomphes au champ de Bellonne, Babouc proposa au Vieillard, de visiter, en passant, la maison *ci-devant sophiale* des *blessés*. Que découvrirent-ils ? Un tas de jeunes bandits qui maltraitaient de bons et vénérables patriarches, tout criblés de balles, tous hachés de coups de sabres, et qui leur faisaient indignement la loi : en criant à tort et à travers, *vive la chose publique* ! Ils maudissaient leurs pères et tous les grands capitaines dont les mânes reposaient dans le cimetière de la Mosquée, d'avoir adoré autrefois le Dieu des armées ; menaçoient de couper par morceaux le premier bonze ou le premier mage qui oserait rouvrir la mosquée, fermée depuis la liberté, et juraiént de couvrir d'excrémens tout ce qui pourrait servir au sacrifice.

L'irréligion du gouvernement les rendait fiers ; et ils ne s'apercevaient pas qu'ils n'étaient que des lâches, des pauvres aveugles qui avaient encore bien moins d'esprit que le gouvernement. Cette fondation si belle (dit à Babouc et au Vieillard, une jambe de bois de l'ancien régime Persan) est devenue un second palais sophial. En effet, ils

ne

ne trouvèrent *aux blessés* que des gourgandines, des agioteurs, et nombre de *pensionnés* qui jamais n'avaient vu le feu, jamais n'avaient servi. La surprise de Babouc augmenta peu, quand on lui apprit, tout bas, qu'une retraite, en ces lieux, s'achetait tant, et que tout se vendait dans la chose publique persanne, avec une impudeur qu'on n'aurait jamais osé étaler avant la révolution. Il regretta la mosquée, quelques statues, et le superbe dôme que *l'omarisme* avait brisé, à cause de certaines fleurs, éternellement chères à tous les bons Persans.

* * * * *

Nous voilà, dit le Vieillard, dans cet endroit à jamais fameux par les fédérations, les sermens incroyables qui se sont faits, le drapeau sanglant qu'on a été forcé d'arborer, et par la fin tragique du *cadilesquier* (1) de Persépolis; lequel *cadilesquier*, pour haranguer le magnifique et sublime monarque, que des infames avaient l'audace d'amener prisonnier dans sa capitale, dit à ce prince chéri et trop infortuné, *que le bon Sophi autrefois avait conquis son peuple, et qu'en ce jour auguste, c'était le peuple qui venait de conquérir son Sophi....* Combien de gens ont péri ici, et ailleurs, c'est ce

______

(1) Espèce de maire,

E

qu'on ignore. Ce lieu, comme vous voyez, est propice pour donner des fêtes ; et il vaut bien mieux donner des fêtes que de payer les rentiers et tous ceux à qui l'on doit.

Ils firent plusieurs fois le tour du champ, et s'amusèrent à considérer toutes les babioles qu'on avait dressées à grand frais ; la petite *monticule*, qui, dans un pays où l'on ne reconnaissait pas de religion, ne pratiquait aucun culte, s'appelait dérisoirement l'*autel de la patrie* ; et cette enceinte, où les frères et amis, *les travailleurs de la marchandise*, les nouveaux parvenus, les fidèles adeptes, tous les partisans enfin du bouleversement, munis de cartes d'invitation, se glissaient, comme des loups affamés, pour déjeûner et boire à la santé de la chose publique. — L'*autel de la patrie*, s'écria un inconnu, est à *plusieurs parasanges de Persépolis, dans l'ancien palais des Sophis.*—Paix ! dit le Vieillard, en posant le doigt du mystère sur la bouche. — L'inconnu sentit aussitôt les conséquences de ce qu'il venait de dire, remercia le Vieillard, par un salut très-gracieux, et se retira, crainte de commettre encore quelque indiscrétion, sans y penser.

Quel spectacle froid et dégarni, disait Babouc ! le silence qui règne ici est presque aussi horrible que sur la place du chaos. Le Vieillard lui assura que la force armée composait ordinairement tout le cortége de ces sortes de rassemblemens ; car, ajouta-t-il, les courses à pied et à cheval seraient aussi brillantes, aussi magnifiques que celles-ci sont misérables et ridicules; les feux d'artifices qu'on tire le soir, pour faire jouir quelques minutes des honneurs de la représentation, les satrapes en robe, les émirs en manteau, et les autres *autorités* de la mascarade, coûteraient encore dix fois plus. Quelle est la personne, en réfléchissant un peu, qui voudrait s'y trouver ? Cependant, il y a des gens incorrigibles, qui ont toujours la rage de vouloir voir, malgré toute l'indignation dont ils se disent pénétrés. — Mais regardez donc, s'écria Babouc, comme chaque émir a un air tremblant et stupide !

Pour la petite poignée de peuple qui était éparpillée, elle ne semblait occupée que des ambassadeurs étrangers. Le peuple rougissait de sa souveraineté actuelle, et n'avait point assez d'yeux pour examiner les beaux cordons, les belles armoiries, et sur-tout la belle livrée bleu de ciel, large galons d'argent que portaient, d'un air triomphant, les *esclaves* de l'envoyé de sa majesté très-fidèle l'Empereur de la Chine, avec qui la chose publique persanne avait eu le bonheur et l'honneur de faire un peu la paix.

Enfin, comme les odes que l'on chantait là faisaient bâiller tout le monde, et que dans la fête il n'était nullement question d'aucun acte religieux; que l'on se préparait au contraire à vouloir donner

au public une fausse image de l'attaque des trois
redoutes où les Persans avaient perdu ving-cinq
mille hommes, et non les ennemis, ainsi que l'a-
vait annoncé la grande nouvelle; nouvelle d'autant plus impudente, que Babouc, à son arrivée
dans les plaines de Sennaar, avait été témoin ocu-
laire du combat; les deux observateurs prirent le
parti de gagner tout doucement le faubourg dans
lequel ils devaient dîner à une heure précise.

*   *   *   *   *   *

Que de *propriétés émiriales à vendre* dans ce quar-
tier-ci, dit Babouc, en apercevant de longues li-
gnes écrites sur toutes les portes et les murailles.
— Ne pourrait-on pas, reprit le Vieillard, mettre
à côté, aussi en lettres rouges, un petit *errata*,
où l'on dirait, *à vendre* : lisez, *à rendre* ? — Je
crois que vous avez raison, répondit Babouc. En
achevant ces mots, ils entrèrent dans une vaste
maison à grande porte cochère. — Je vous avertis,
dit le bon-homme, que c'est ici la vieille cour
toute pure, l'ancien gouvernement de Perse, il y
a cinquante ans. Ce sont les personnes les plus
respectables......; mais elles ne peuvent pas se
faire une raison sur toutes les horreurs d'aujour-
d'hui : il est cependant bien nécessaire de se soumettre un peu là-dessus.

Le janissaire, à la porte, leur demanda très

ingénuement s'ils ne déposeraient pas la cocarde ; mais Babouc lui fit entendre qu'ils entreraient bien comme cela. Tout le monde dans la maison était vieux, et presque tout le monde y avait la goutte ; ce qui ne déplaisait point infiniment au bon raja et à la bonne sultane, parce que c'était une de ces choses, à leur idée, auxquelles la ré-volution ne pouvait point toucher. On y haïssait à la mort tout ce qui sentait l'état actuel : il fallait donc absolument être, comme Babouc, envoyé par l'ange Ituriel, pour entrer avec la cocarde de la chose publique persanne, et ne pas faire trouver mal, toutes à la fois peut-être, les sultanes de la maison.

.Le Vieillard présenta l'étranger comme un Scy-the, qu'il prenait la liberté d'amener dîner *incognito.* On se mit à table sans plus tarder ; et Babouc ob-serva que le raja et la sultane, avant de toucher aux mets, s'inclinèrent humblement, pour adresser la prière, bien simple et bien naturelle, que l'on doit à celui qui fait tout croître et tout mûrir. C'était l'unique maison de Persépolis où l'on pra-tiquât réellement tous les devoirs de la religion ; aussi passait-elle pour la plus fieffée *magicrate* de maison, et le vieux raja et la vieille sultane pour des *fanatiques*, qui auraient la tête coupée, si ja-mais il revenait un 31 *des fleurs.*

A la frugalité du repas, Babouc vit bien qu'il ne dînait pas chez des agioteurs et chez des faquirs; il n'en fut pas fâché. La conversation roula sur le paradis terrestre qui existait il y a une cinquantaine d'années, et sur l'enfer qu'on habitait aujourd'hui. Tout était bien dans ce temps-là; il n'y avait pas la plus petite chose à redire. Un raja pouvait chasser, avoir ses chiens, ses chevaux, ses gens, ses terres, deux ou trois maisons dans Persépolis, être seigneur de vingt mosquées, et compter jusqu'à deux, trois mille vassaux. Un archimage pouvait loger dans son palais archimagipal (1); avoir le beau carrosse doré, les belles armoiries, une table toujours parfaitement servie, et six cents mille scudis à dépenser par an. Un raja sur-tout était sûr d'être respecté, et aurait pu, s'il eût voulu, faire trembler tout le monde. Une sultane de qualité n'était pas exposée à se trouver compromise; elle avait son *sopha* (2); et l'on admirait ses grâces et sa noblesse! On avait brûlé leurs *titres*, pris tout leur bien, fait périr leurs enfans, leurs amis; eux seuls avaient souffert tous les maux; ils auraient voulu que le 9 *brûlant* ne les eut point sauvés, tant ils étaient las et dégoûtés de la vie! Pour eux seuls la révolution persanne était arrivée; ils la détestaient, l'abhorraient; elle était exécrable, maudite......

____

(1) Comme qui dirait archi-épiscopal.
(2) Espèce de falourd à l'ancienne cour de Perse.

et ils versaient des larmes de sang, en se désespérant.

Babouc, intérieurement ému, s'efforça de les consoler, en leur prouvant que la révolution persanne n'était pas venue exprès pour eux seuls, et que tous les honnêtes gens y avaient leur bonne part ; que chaque siècle avait malheureusement ses crises, et que le temps passé, malgré tous ses agrémens, n'avait pas été tout-à-fait exempt d'orages ; que d'ailleurs c'était le temps passé qui avait produit celui-ci. Il ne dissimula pas que de grands scélérats ne fussent encore aujourd'hui la cause de tous les malheurs qui existaient ; mais, leur dit-il, avec une franchise qui ne se trouve guère qu'en Scythie, sans les sottises impardonnables de la cour de Perse, la révolution serait-elle donc arrivée ? ne serait-ce pas vous autres qui l'auriez un peu préparée, en faisant commettre chaque jour de nouvelles injustices au sophi ?

Je ne hais point les *titrés*, dit Babouc, et je soutiens que dans un État, il est indispensable d'en avoir ; je ne vous reproche point vos cordons, vos armbiries, vos livrées ; votre opulence et votre magnificence annonçaient la vraie grandeur du gouvernement. S'il est démontré que l'excessive richesse doit toujours se réfugier dans quelques mains particulières, je crois qu'un peuple honnête, et qui raisonne, aimera mieux voir cette excessive richesse entre les mains d'un *titré* aimable, vertueux, qui a du goût, de l'éducation, dont les ancêtres, et souvent lui-même, ont rendu de grands services, qu'entre celles d'un vil faquir, grossier, insolent, sot, avare, fripon, et dont la prospérité fait l'éternel opprobre de la nation qui le souffre.

Je ne vous fais point un crime, dit Babouc, de vos chiens et de vos chevaux, pourvu qu'ils ne mordissent personne et ne fissent pas trop de dégât dans la plaine ; de vos gens, s'ils étaient honnêtes, et qu'ils n'insultassent pas ; de vos hô- tels, et de vos châteaux, s'ils ne devaient rien, et encore moins de vos petites mosquées, où vous auriez dû assister plus souvent. Mais je ne vous pardonnerai pas votre orgueil, votre ambition dé- mesurée, votre mépris outrageant pour les autres; vos prodigalités, vos dettes, votre refus, lors de l'assemblée des états persans, de payer l'impôt qu'on vous demandait, et de ne vous être pas armés tous pour tomber sur le *bourgeonne* et tous les scé- lérats qui ont égorgé le sophi. Non, je ne vous pardonnerai pas vos prétentions à ne vouloir ja- mais contribuer en rien aux besoins de la Perse : je n'en veux qu'à vos défauts, comme vous voyez !

Vos malheurs, continua Babouc, me touchent profondément, et personne n'a plus en exécration que moi les *Robespierres*, les *Merlines* qui vous ont fait incarcérer, qui vous ont pillés, égorgés. Mais

enfin s'il plaisait au grand Orosmade de vouloir sérieusement donner à la Perse une chose publique,
il faudrait bien pourtant s'y soumettre. Croyez-
vous qu'on ne pourrait pas très-bien imaginer une
espèce de gouvernement, dans lequel il n'y aurait
pas de cordons, point de livrées, point d'archimages, pas même de sultanes de qualité ?

Ils répondirent hardiment à Babouc que de pareils gouvernemens étaient des rêves, des chimères, des gouvernemens dans la lune, qu'il fallait
aux Persans, ainsi qu'à tous les peuples du monde,
des marques distinctives, et que cela était si vrai,
que leurs émirs portaient eux-mêmes des marques,
avec cette différence seulement qu'au lieu de pendre
le rouge ou le bleu en sautoir, ils le tortillaient
en forme de ceinture ; et que bien plus, on voyait
à leurs turbans des panaches flottans, comme ceux
du bon sophi, que les monstres, les scélérats
avaient osé arracher du pont sur lequel tout le
monde passait exprès autrefois pour saluer ce
bon sophi, et bénir sa mémoire ; et que les Persans, avant peu, auraient des rajas, des omrahs,
des archimages, et des sultanes de qualité.

Sans le grand poëte persan et l'autre réprouvé,
qui voulait que les mères nourrissent leurs enfans,
la révolution persanne, selon eux, ne serait pas
arrivée. Si donc les choses revenaient jamais comme
elles étaient, disaient-ils, ce serait de proscrire
la philosophie (dans quelle acception qu'on veuille

prendre le mot), et de ne conserver que des livres
de théologie. Il faudrait être ferme, ne pas faire
de mal à personne ; mais brûler simplement tous
ceux qui n'auraient pas de religion. C'était la
bonne vieille sultane qui raisonnait ainsi.

Faut-il, s'écria Babouc, que dans ce monde on
soit ou fanatique, ou athée ! Vous me faites trembler... Quoi ! vous voudriez que les Persans ré-
pétassent les scènes sanglantes de Mahomet et d'Aly ?
Il est vrai qu'à présent, ils sont capables de tout !
Eh ! que feriez - vous avec les livres dont vous
parlez ? Il eut un peu de peine à faire entendre à
la vieille sultane que la théologie était quelque
fois dangereuse, et que la philosophie au contraire
n'avait été mise sur la terre que pour éclairer
les humains, les rendre meilleurs, et sur-tout empêcher les révolutions d'arriver plus souvent ; que
la vraie philosophie et la religion ne faisaient qu'un ;
que ce n'était point du tout la philosophie qui
avait touché à leurs titres, mais bien les faquirs,
qui n'ont point de philosophie ; que le fanatisme
et la superstition étaient deux monstres aussi hideux, aussi cruels que l'athéisme ; que l'un et l'autre
étaient prêts à verser le sang, à renverser le trône,
et que les deux écrivains dont elle voulait parler
n'avaient pas toujours été aussi coupables qu'elle
le croyait. Il eut beaucoup de mal ; mais enfin il
parvint à la ramener et à la persuader, parce
qu'il avait affaire à une personne bien née et dont

le cœur était pur : il y a toujours de la ressource avec ces cœurs-là. Le raja était un vieil officier plein d'honneur et de bon sens ; il sentit que Babouc avait raison ; et Babouc était appuyé en outre par le Vieillard et par un respectable archimage qui était aussi du dîné. Cependant, le raja et la sultane en revenaient toujours à l'ancien régime persan.

L'archimage, à son tour, prit la parole. C'était un homme simple, mais droit, véridique, plein de zèle, un homme apostolique, et qui valait bien le *mage Samoïede* de *l'habitant* qui n'était pas Persan. Il attaqua le fanatisme, en retraçant à la vieille sultane les bûchers de l'inquisition, les massacres du Pérou, les vêpres siciliennes, la St.-Barthélemy, et toutes les horreurs qui avaient fait successivement le tour du globe. Il prouva, par son discours, qu'il était l'ennemi de la superstition ; mais il voulait qu'on eût de la religion, et qu'on en observât exactement tous les préceptes. La chose, disait-il, n'est pas bien difficile ; tout ce que la religion commande est si doux ! De quoi fait-elle un crime ? Seulement de ce qui peut blesser l'ordre. Qu'on ne vienne point ici chercher à pointiller sur ce qu'il faut croire ou ne pas croire : l'immortalité de l'ame renferme tout, puisqu'alors les vices les plus secrets se trouvent nécessairement punis, et les vertus, quelles qu'elles soient, récompensées. Qui oserait blesser l'ordre et faire le mal, quand

Orosmade voit tout? Malheur, s'écria l'archimage, à celui qui n'est pas pénétré de cette importante vérité! Ah! tôt ou tard, il ouvrira les yeux, ou bien c'est une ame insensible, un pervers.

On me demandera, dit l'archimage, si c'est un très-grand mal de manger de la viande, quand il ne faut pas en manger. Oui, c'en est un, puisque manger perpétuellement de la viande, détruirait les espèces destinées pour notre nourriture. Il faut absolument s'abstenir de chair, les jours défendus par la nature et par l'église : celui qui brave le précepte est un égoïste, un coupable envers toute la nature. Mais ne scrutons pas les cœurs, soyons tolérans, et ne disputons jamais; toute dispute sur la religion est un scandale épouvantable.

Le prélat de Perse gémit amèrement de ce que de mauvais mages, des mages intrigans, des bonzes stupides, avaient causé le plus grand tort; les uns, par la dissolution de leurs mœurs; les autres, par les faux miracles qu'ils avaient fabriqués. Cependant, il ne s'en suit pas de là qu'il faille chasser tous les mages; car, sans mages, dit-il très-bien, point de religion; de même que sans satrapes, point de lois. Les mages et les satrapes doivent être res-pectés par-tout comme les organes de tout ce qu'il y a de plus saint parmi les hommes; mais l'éclat et la pompe deviennent nécessaires pour soutenir leur dignité. Vouloir dépouiller le mage et le sa-trape, c'est attaquer l'un et l'autre sanctuaire. Que les archimages et les satrapes donc soient riches, et qu'on leur restitue ce qu'on leur a pris. Mais ne mettons à la tête de l'église que des pasteurs vertueux, qui font des *Télémaque*; et à la tête des lois, que des *satrapes*, qui se fassent tuer pour prendre la défense des sophis; et, choisissons aussi des *Angrantès*, qui ne commettraient pas une légère injustice pour les plus beaux yeux du monde, et pour tous les diamans du Mogol.

L'archimage eut avec Babouc une conférence sur la religion, faite en vérité pour ramener tout le monde au sein de l'église. Une assemblée toute entière de faquirs, en les entendant, se serait convertie. Tandis qu'ils s'éclairaient mutuellement, le Vieillard, de son côté, était aux prises avec le raja et la bonne sultane. Allons, convenez, disaient-ils au bon-homme, que la révolution persanne est une chose horrible, abominable, et que le temps passé valait bien mieux que celui-ci : on était à-peu-près heureux; personne ne craignait pour ses possessions ; chacun était dans sa sphère, et tout le monde vivait. Que d'aumônes ne faisions-nous pas, nous autres riches, nous autres grands ! et que donnent jamais les gueux enrichis ! — Trouver tout bien sous l'ancien régime persan, leur repondait le Vieillard, était le rêve heureux d'un homme qui sortait de l'opéra avec sa maîtresse, dans une excellente voiture; dire que tout alors était mal, affreux, eût été les hurlemens d'un démoniaque ou d'un malfaiteur, chargé de chaînes, au fond d'un cachot, en attendant qu'il eût les os brisés sur la grande place. On sait bien que comparé à celui-ci, le temps passé était le véritable âge d'or, le paradis de Mahomet ; mais si le *sophiaume* de Perse, il y a cinquante ans, était tout ce qu'on peut trouver de plus puissant, de plus brillant, de plus agréable ; la chose publique persanne, en revanche, est tout ce qu'on peut imaginer de plus parfait, à cause des principes métaphysiques qui lui servent de base. D'ailleurs, Platon, Morus, et tous les grands hommes qui aiment à bâtir, et donner des romans, ont fait l'éloge des choses publiques. Ce n'est que dans les choses publiques, à ce qu'on assure, que se trouve la vertu, et par conséquent le véritable bonheur. D'après cela, il est indubitable que les choses publiques l'emportent nécessairement sur tous les *sophiaumes* où l'on vivrait le mieux. — Et pourquoi donc, pour exprimer tout ce qu'il y a de plus parfait, répartit malicieusement la vieille sultane, dit-on par-tout le *sophiaume* des cieux, et non pas la *chose publique* des cieux ? — Oh ! oh ! dit le Vieillard un peu embarrassé, c'est que la terre et les cieux sont bien différens, et peut-être faut-il habiter ici bas les choses publiques, afin de mériter le grand *sophiaume* dans l'autre monde. — Si bien, reprit le raja, que la chose publique persanne serait pour nous le purgatoire. — Dites donc l'enfer, répliqua vivement la vieille sultane. Il n'y a que l'orgueil et l'intrigue, les mauvais anges chassés du ciel, qui refusent de se soumettre à la puissance sage d'un seul. Au reste, toutes les fois que l'on voudra parler des peuples qui ont connu le bonheur sur la terre, on citera le règne des Titus, des Marc-Aurèle ; et qui que ce soit, à moins d'être un fou, un charlatan, un hypocrite, un perturbateur du repos public, n'osera dire que s'il dépendait de lui de naître, il irait se fourrer parmi les Brutus et les Caton, et tous vos hommes de la Grèce, parce que les honnêtes gens aiment à vivre tranquilles, et que tous ces beaux principes, ces grands éclats de vertu, ne sont que de la poudre aux yeux, un vain fantôme, comme fut obligé de l'avouer lui-même, en mourant, ce mortel farouche, le plus tartuffe et le plus haïssable qui ait existé, après tous les membres de l'assemblée persépolienne.

Qu'on nous traite de *magicratès*, et qu'on nous fasse sauter la tête, si l'on veut, continuèrent le raja et la vieille sultane, nous ne verrons jamais d'un bon œil, que nos parens, nos amis, et beaucoup d'autres, qui, certainement, devaient être fort libres, dans tous les temps (et à plus forte raison, lorsque le pacte social était rompu) de se retirer, et d'emporter leurs trésors par-tout, soient à jamais proscrits, parce que leurs biens, leur fortune, convient à merveille à tous les brigands de la Perse : et ce sont des législateurs qui viendront dépouiller l'homme de ses richesses, nous arracher à tous l'héritage de nos pères !.... Que les individus de *l'ancienne* société, pris les armes à la main contre *la nouvelle*, soient jugés, mis à mort, ils l'ont peut-être mérité ; car ils sont vaincus. Que voulaient-ils cependant ? Renouer le pacte social, maintenir les propriétés, le trône, empêcher tout enfin de s'écrouler. Mais les hommes qu'on ne rencontre point armés ! les femmes ! les enfans ! Ceux-là sont-ils coupables ? Quoi ! il n'est pas permis, par toute terre, de quitter l'endroit qui déplaît, où l'on égorge, où l'on pille, et d'aller jusqu'au bout du monde, chercher une patrie pour y vivre en sûreté ? Toutes les nations sont indignées, révoltées, et la postérité frémissant d'horreur, nous maudira.....: Tenez, brisons là-dessus ; car vous nous feriez dire des choses trop fortes. Est-il possible, avec tous leurs biens, de voir de bons princes et de bonnes princesses dans la misère, dans l'opprobre, et que leurs demeures soient habitées par tout le monde ; que nos châteaux servent aujourd'hui de maison de plaisance à des infames, qui célèbrent des orgies, et font danser les femmes toutes nues dans nos parcs ; de voir les rues, les promenades, tous les chemins couverts de chars, que font traîner des agioteurs, des coquines, des émirs et des valets, tandis que les honnêtes gens, les personnes vraiment faites pour avoir des voitures, et qui en avaient jadis, vont à pied ?

Si

Si vous aviez été témoin, dirent-ils à Babouc, de toutes les horreurs qui se sont passées.... Non, vous ne connaissez pas les *mariages aquatiques* ; vous ignorez qu'un jeune enfant, n'ayant pas encore atteint son quatrième lustre, après avoir vu assommer son père dans la cour des prisons de la *Bonţerie*, a été égorgé sur la place du Chaos, pour avoir tonné, avec toute la chaleur de la piété filiale, contre des harengs pourris qu'un indigne geolier, ou plutôt une nation exécrable, avait la scélératesse de servir à la mère de ce jeune enfant... Vous oubliez peut-être cette épouse, devenue le modèle de l'amitié et de la fidélité conjugale, et qui cria exprès *vive le sophi !* devant tout le tribunal de sang, afin d'être mise *hors la loi*, et de descendre en même temps chez les morts avec son époux.... Mais vous êtes au fait de tout, et vous savez aussi le trait de ce père, qui, par adresse, se glissa dans la charrette, pour aller mourir à la place de son fils ; trait, vous l'avouerez, un peu plus honorable, et qui vaut un peu mieux que celui de Brutus.

On m'a tout raconté sur la *terrasse* des *Fétiches*, répondit Babouc ; néanmoins j'ignorais ces détails, qui glacent le sang. Que voulez-vous ? les révolutions sont terribles, mais elles s'opèrent ; et vous le savez, puisque vous avez lu l'histoire : le malheur est de se trouver sur la terre lorsqu'elles arrivent. A peine un gouvernement est-il formé, que

tout tend aussitôt à le renverser ; les uns pour établir la *théocratie* ; les autres, le gouvernement *ma-*
gicratique ; d'autres, la *canaillocratie*, et cependant
il faut des mages, des satrapes, et une multitude de
peuple qu'on mettra toujours en mouvement. Il
faudrait, pour assurer le bonheur des hommes,
que chacun, dans tous les pays, fût bien pénétré
que le gouvernement de ses pères est le meilleur
possible, et qu'en quelqu'endroit où il aille chercher un gîte, il n'en trouvera pas un meilleur que le
sien ; que s'il est malheureux, mécontent, ce n'est
pas la faute du gouvernement ; mais parce que lui,
individu, n'a point d'argent, et que, sans argent,
on ne peut rien faire en Asie, pas même en Eu-
rope. Peu de lois, mais claires, mais précises, avec
un sophi seulement, pour contenir les efforts des
intrigans (qui n'ont plus l'espoir alors de gouverner à leur tour), soutiendront l'équilibre assez
long-temps ; et quand on aurait tout cela, les révolutions arriveraient encore, parce que telle est
la volonté de celui qui a fait le ciel et la terre.

A Dieu ne plaise, dit Babouc, que je veuille
atténuer à vos yeux les horreurs de la révolution
persanne ! Je suis, autant que vous, d'accord sur cet
objet d'exécration. Je ne dis pas de s'exalter à
chanter la révolution, mais j'engage à la supporter avec résignation : se soumettre aux grandes
lois de la nécessité, ou pour parler plus sagement,
à la providence, voilà tout ce que je puis vous

conseiller, et la religion que vous pratiquez vous l'ordonne. Oubliez votre ancienne fortune, votre grandeur passée, comme vous êtes obligés, à présent, d'oublier les beaux jours de votre jeunesse. Orosmade, croyez-moi, vous en récompensera, et peut-être, dès ce monde-ci. Le front de Babouc devint alors tout radieux. L'envoyé d'Ituriel les pénétra, les persuada ; et l'archimage, ainsi que le Vieillard, se joignit à Babouc, pour répandre dans le sein de cette illustre famille, toutes les consolations que donne seule la religion. Une chose les agitait encore, ils s'imaginaient que le gouvernement épiait toujours l'occasion de les faire égorger. Rassurez-vous, leur dit Babouc, on vous a tout pris, et l'on ne pense plus à vous. Alors, sans faire l'éloge de la beauté et de la bonté du gouvernement, qui quelquefois aurait pu ne pas le mériter ; il leur fit sentir la nécessité où tous les honnêtes gens étaient de se rallier autour de la troisième constitution, que plusieurs orateurs, en faisant des figures de réthorique, regardaient comme la planche échappée du naufrage, pour mener toute la nation, un jour, au port.

L'idée de la planche rappela à l'archimage certaine révélation qu'un jour il avait eue aux pieds des saints autels, et dans laquelle tous les événemens de la Perse s'étaient, pour ainsi dire, offerts devant lui. La Perse (aux grandes horreurs près), devait absolument avoir le sort, et suivre en tout

la même destinée de la grande Tartarie, il y a cent
ans. Ce serait un peu plus tôt, un peu plus tard;
mais enfin, le fils recouvrerait aussi l'héritage du
père; et le peuple châtié, humilié, mais sanctifié,
bénirait Orosmade de l'avoir tiré de la captivité
affreuse de Babylone, et d'avoir voulu que toutes
ces choses arrivassent, pour confondre la superbe
des vains enfans des hommes. La volonté d'Orosmade s'accomplisse, dit Babouc; mais je crains
bien que les Persans ne se relèvent jamais de la
barbarie dans laquelle ils ne sont déjà que trop
enfoncés.

Le vieux raja et la vieille sultane ne murmu-
rèrent plus. Ils adorèrent avec Babouc, remer-
cièrent, avant de sortir de table, selon leur usage,
et s'aperçurent, pour la première fois, qu'ils étaient
encore trop heureux, puisque la providence leur
permettait, tous les jours, de prendre un assez bon
repas, et de reposer sous leurs paisibles toits, tandis que beaucoup d'autres, bien plus riches qu'eux
autrefois, manquaient à présent du nécessaire, et
n'avaient, pour dernière ressource, que l'hôpital,
qui faisait encore de grandes difficultés pour les
recevoir, et les envoyer bien vite dans l'autre
monde.

Un trait qui pénétra beaucoup Babouc, ce fut
d'apprendre que les bons et fidèles serviteurs de
la maison avaient, plus d'une fois, pendant la détention de leur cher maître et bonne maîtresse,

versé dans le sein de cette famille éplorée, le fruit de cinquante ans, au moins, de travaux et de peines; mais il apprit en même-temps que d'autres domestiques, ailleurs, avaient dénoncé, pris tout ce qu'il y avait, et fait couper le cou à neuf ou dix de leurs maîtres. Quel mélange perpétuel de vertus et de crimes chez les Persans, se disait-il à lui-même! Les faquirs, les *canaillocrates*, et tous ceux qui sont pour la chose publique, sont des scélérats, des monstres, et pourtant ils sont dans le bon chemin! Les *magicrates*, les *sophialistes* sont des gens paisibles, honnêtes, vertueux tous; mais ils sont dans l'erreur, le mauvais chemin; le ciel permettra sans doute que bientôt ils ne soient plus coupables.

Quand ils furent dans la rue, le Vieillard avoua qu'il n'avait jamais pu se résoudre à abandonner d'anciens amis, parce qu'ils étaient devenus malheureux et proscrits, à cause de leur naissance, que cependant on ne voulait plus reconnaître. Babouc loua très-fort le bon Vieillard, dont les procédés, en tout, faisaient l'éloge du cœur, et il soutint qu'il n'y aurait que le *journal des Tygres* et tous les faquirs, capables de traiter cet honnête homme de *magicrate* et de le dénoncer à leur ami *Merlinès*, pour le faire incarcérer et mourir de chagrin à son âge, sous prétexte qu'on ne doit point aller une fois par semaine, *vieux style*, faire maigre, à cause du *ramadan*, chez des *ci-devants* qui demeurent dans un faubourg où toutes les propriétés sont à vendre.

Avant de se séparer, Babouc tira de sa poche un rouleau de ving-cinq roupies doubles, en chargeant le Vieillard, la premiere fois qu'il retournerait chez ses *titrés*, de vouloir bien distribuer cette petite somme à tous les bons et fidèles serviteurs de la maison. Ne méritaient-ils pas bien cette récompense, pour s'être dépouillés si généreusement en faveur du raja et de la sultane, que le comité *tortionnaire* de leur quartier, avait démeublés sans pitié? On laisse juge de cela le journal de Persépolis, quand il rendra compte de la nouvelle vision.

*　　*　　*　　*　　*　　*

Il restait encore à Babouc bien des endroits à parcourir dans la malheureuse Persépolis. Le saint jour où les mosquées furent ouvertes, il alla faire sa prière, et eut la consolation de voir que le peuple tenait encore à la religion; qu'il observait exactement le septième jour, et même que beaucoup d'esprits forts, qui jadis se moquaient de l'office, y assistaient aujourd'hui avec ferveur. La nudité du temple, l'espèce de contrainte où l'on était de se cacher, pour prier tous ensemble, lui sembla avoir ranimé le zèle, et rendu à la religion tout ce qu'elle a de plus touchant. Rien ne porte à recourir à la divinité comme le malheur; l'homme sent alors qu'il n'est que cendre et poussière, et qu'il faut adorer l'être des êtres.

Babouc ne pouvant jeter de fleurs sur aucun tombeau, encore élevé aux innocentes victimes de la révolution persanne, s'acquitta dans la mosquée, de l'hommage qu'il devait à la mémoire de tant d'ombres illustres, errantes, hélas! depuis tous les crimes. Il commença par vous, infortuné sophi, malheureuse sultane son épouse; par vous, sœur du monarque, ange divin, qui n'aviez jamais fait de mal, et par vous aussi, princesse de la Chine, dont le corps a été traîné, déchiré et mis en lambeaux par les agens de *Philippès*, qui vous faisait six cents mille scudis de rente viagère. Vous ne fûtes pas oublié, vertueux et respectable satrape de 84 ans; ni vous non plus, mortel au-dessus des humains, le juste *Angrantès*; on se ressouvint de vous, jeune héros de quinze ans, égorgé pour des harengs pourris, vous, dont le père avait été massacré à *la Bonzerie*, vous, dont la mère n'a échappé que par un cruel évanouissement de trois heures, la veille du *9 brûlant*, en montant ces mêmes gradins par où vous aviez passé! Jeune enfant, la palme t'attendait là-haut, et ta mère, abandonnée, va consumer le reste de ses jours dans les angoisses affreuses de la douleur! Vous eûtes part aussi au ressouvenir, épouse incomparable, qui, pour ne pas survivre à votre cher *Petus*, criâtes de toutes vos forces : *vive le sophi !* Votre nom fut rangé sur la même ligne de tous ceux qui passeront aussi à la dernière postérité, père qui aviez des entrailles autant que Brutus n'en avait pas ; vous qui, par une sainte ruse, croyant sauver votre fils bien aimé, vous lançâtes adroitement à sa place , dans la fatale charrette qui marchait déjà , et vous dévouâtes si généreusement à la mort.... L'encens vous fut offert aussi à vous, savant généreux, immortel chimiste, en l'honneur duquel va être érigé un petit monument par souscription.

Toutes les innocentes victimes, en général et en particulier , furent appaisées : mais il ne versa pas de larmes sur vous, *secrétaire-perpétuel* de l'académie des sciences de Persépolis, trouvé mort vingt-quatre heures après votre entrée dans une affreuse prison ; ainsi que sur vous, malheureux *Cadilesquier*, qui, après avoir été trop martyrisé, eûtes enfin le cou coupé dans ce même endroit où le funeste étendard avait été arboré ; quoique tous deux ayez eu de grands talens, du génie, un mérite distingué , et peut-être un cœur sensible ; mais votre *philosophie* vous entraîna , nous perdit ; et quiconque a trempé dans les *menées* d'une révolution, doit être livré à un opprobre éternel.

Rien ne fut dit pour eux, ni pour le repos des

pactialistes (1) ; car il aurait cru souiller le temple, en proférant le nom d'aucun intrigant : il les laissa tous errer tristement.

Babouc éprouva une joie secrète, d'avoir payé ce tribut au malheur, à la justice et à la religion. Quelques jours après, il fut à même d'examiner le jour de la *dixaine*. Il vit que c'était la fête de tous les commis, qui avaient congé l'après-midi seulement, et que les faquirs affectaient de fermer leurs boutiques, de traiter exprès tous leurs confrères les coquins, et qu'ils faisaient grand fracas ce jour-là. La *dixaine*, dit-il, aura bien du mal à se soutenir, et je crains beaucoup que l'ange Ituriel n'entende pas raillerie sur les fidèles d'un pareil culte.

*   *   *   *   *   *

Pour voir un peu de quelle manière se rendait la justice, lorsque tout était bouleversé, Babouc fréquenta les tribunaux civils et criminels. Peut-être aurait-il pu s'en dispenser, d'après ce qui lui était arrivé chez le *cadi de paix*, au sujet du bâton ou de l'*hiéroglyphigraphe*, volé par Brutus ; mais il n'était point chiche de ses démarches, et Babouc

---

(1.) Les *pactialistes* peuvent être comparés à nos *fédéralistes*, dont vingt-deux furent égorgés à la fois.

se faisait un devoir d'assister à tout. S'il avait voulu, comme beaucoup d'émirs, ne songer à rien, et laisser de côté la mission, il aurait trouvé de ces intrigans, de ces beaux esprits, qui, pour un dîné, quelques dariques, ou pour avoir votre protection, se chargent d'observer, à votre place, et de vous faire un très-joli *rapport*, que vous présentez et faites imprimer effrontément à votre retour; mais non, Babouc était fait pour voir par ses yeux, dresser son *rapport* lui-même, et s'amuser un peu moins; c'était un homme tel qu'il en aurait fallu seulement un dans les deux chambres, et même dans le palais.

L'abomination de la désolation, voilà ce que les tribunaux lui présentèrent. Babouc alors reconnut que ce qu'il avait cru devoir blâmer jadis, avec quelque ombre de raison, n'était pas tout-à-fait si blâmable, et que l'on était, ma foi, plus avancé encore d'avoir affaire aux juges bien élevés, qui avaient acheté leurs charges, qu'aux *sans-brayettes*, à qui les faquirs et la populace pouvaient en faire cadeau. Là, les demandes en divorce retentissaient de toutes parts; des enfans sans honte et sans naturel, enfonçaient le poignard dans le sein de ceux qui leur avaient donné le jour. A chaque cause, il n'était question que d'*effets rétroactifs* donnés aux lois. Une vermine indestructible, connue sous le nom *tortionnaire* d'hommes de loi (1), d'avoués et de défenseurs officieux, ignares et fripons, comme on ne l'était pas, pullulait dans ces lieux, et s'attachait fortement au numéraire des pauvres Persans. Il vit presque tous les *locataires* aux prises avec leurs *propriétaires*, et que dans la chose publique persanne, on n'est pas maître chez soi ; qu'il était même fâcheux d'avoir des maisons, ou qu'il fallait, pour être juste envers ceux à qui elles appartenaient, que tous les rentiers et les honnêtes gens couchassent dans la rue ; et il vit clairement que la *question intentionnelle* n'était pas mauvaise pour conserver les scélérats, dont on avait encore besoin bien long-temps.

*   *   *   *   *   *

Une affaire très-simple, et qui cependant pouvait avoir des suites cruelles, par la tournure que les gros de l'ordre s'efforçaient de vouloir lui faire prendre, avait succédé à celle *trop réelle* du camp, et occupait tous les esprits dans Persépolis, en faisant oublier totalement et *Bavache*, et Bessus, et ses complices : cette affaire se nommait la *conspiration des matelats*, et était bien plus *terrible* que

---

celle des *mouchoirs*. Les Persépoliens, toujours plaisans, en avaient fait une carricature, au bas de laquelle on lisait, en passant, ces paroles sacrées : *Et ne nos inducas in tentationem, sed libera nos à malo* ; parce que le général qui figurait fort à propos dans l'affaire, portait le nom de *Malum*, et que *Malum*, quand on sait le latin, en Perse, fait, à l'ablatif, *Malo*.

On voulait absolument faire croire à tous les 87 *cantons*, et tous les autres réunis, que des personnes estimables, et qui n'étaient pas nées d'hier, avaient été assez simples, pour venir, un beau matin, avec leur chien de chasse, dont le flaire était excellent, chez ce général *Malum*, qui ne savait pas un mot d'orthographe, qui avait été frère derviche, et qui parlait la langue persanne comme une vache de l'Arabie-Pétrée, à dessein de l'*embaucher*, lui et tous les gredins qu'il avait fait exprès cacher, au milieu du lit, entre les matelats, afin qu'ils respirassent au moins à leur aise, et qu'ils fussent mieux en état d'écouter pour dénoncer.

Un homme qui ne sait pas l'orthographe, et qui a été frère derviche, est d'ordinaire assez insinuant, toujours flatteur, bas, espion de son métier, un homme à toutes mains, et capable de monter toutes sortes de coups, dans l'espoir d'obtenir des grades et de faire fortune. La manière dont il avait tourné casaque à ses anciens frères et amis les faquirs, au camp, pendant la nuit, loin de lui faire tort, lui avait donné une petite réputation, et quelque espèce de confiance dans l'esprit de ceux qui, pour de bonnes raisons, (puisqu'ils avaient le malheur d'être *sophialistes*) ne pouvaient pas souffrir la chose publique persanne ; et il n'était pas étonnant que *le frère général*, feignant de dire là-dessus tout ce qu'on peut dire, on se fût un peu trop ouvert, et que même l'on eût eu l'imprudence de se compromettre, en allant chez lui. Le fait est qu'il existait des papiers sur lesquels on avait réellement jeté des *hypothèses*, en faveur du véritable prétendant, dont on s'avouait courageusement le fidèle sujet, et l'agent même ; dans le cas toujours supposé, où la chose publique persanne serait venue à décès ; car tous les empires sont périssables !

Il n'y avait point *embauchage*, et quand il y en aurait eu, l'embauchage ne pouvait être prouvé que par le frère derviche, dénonciateur, et par les *mouches* qu'il avait fait cacher entre les matelats, pour servir, comme lui, de témoins.

Tous les gens sensés, les grammairiens de la Perse se virent forcés de donner la véritable définition du mot *embaucher* ; et les plus fameux criminalistes, juristes, s'accordèrent tous à dire que l'on rêvait, que l'on extravaguait, et que le général *Malum* et l'enchanteur *Merlinès*, qui menait en chef toute l'affaire, méritaient d'être honnis,

conspués, empalés sur-le-champ, ou plutôt em-
barqués, pour s'en aller bien vîte tous les deux
dans l'île des serpens, rejoindre le fondateur, le
proclamateur de la chose publique persanne, l'exécrable et le mauvais comédien *Collotès*, qui n'était
peut-être pas sorti de Persépolis, et qui pouvait
très-bien avoir dîné chez Bessus, le jour où Babouc et le Vieillard étaient venus faire visite pour
observer ; car, dans les révolutions, tout est possible.

Quoiqu'il en soit, le noir *Merlinès*, au mépris
ou à l'aide de la justice, dont il était le satrape,
avait (malgré la définition exacte des grammairiens, et l'opposition formelle des tribunaux, seuls
compétens dans cette affaire) fait traduire les aimables accusés devant une commission dite guerrière, pour éviter tout appel, et dans l'espoir que
le sang de quelques honnêtes gens allait du moins
appaiser les mânes *chéris* des scélérats, que, par
pure politique, l'auteur de la loi des suspects avait
été forcé de faire fusiller, à l'endroit où peut-
être lui-même, invisiblement, leur avait fait
prendre les armes. Tout le monde maudissait *Merlinès*, et tout le monde lui prédisait une mauvaise
fin. Pour *Malum*, on le regardait avec plus de
mépris, plus de pitié que de colère, et l'on aurait
eu tort, au fond, d'être étonné de sa conduite.

La salle où la malheureuse affaire se poursuivait
étant ouverte à tous, indistinctement, Babouc se

mêla à la foule, pour voir l'air des accusés, celui des dénonciateurs, étudier les juges, entendre les défenseurs, et bien sonder en même-temps l'esprit public. Au moyen du don que Babouc avait reçu de l'ange Ituriel, de lire dans tous les cœurs, il fut assuré, dès le premier abord, que les juges écouteraient leur conscience, et que le sang innocent, cette fois-ci, ne serait point versé. L'air de confiance que donne la vérité, joint à la décence des accusés, leur gagnait tous les esprits, et l'éloquence chaude et touchante des défenseurs arrachait des larmes, même aux *Merlinistes* qui étaient là, en attendant qu'on allât fusiller.

Babouc fit voir à cette canaille, qui écumait de rage, l'énorme différence qui existait entre des hommes pris en flagrant délit, la nuit, dans un camp, au milieu de sept à huit cents morts, et des hommes qui jetaient des *hypothèses* sur le papier, sans que personne le sût, sans qu'il en eût et dût même coûter la vie à un seul individu ; et qu'il n'était point étonnant que des gens honnêtes, vertueux (à leur *magicratie*, leur *sophialisme* près), inspirassent plus d'intérêt que des *férocistes*, des *buveurs de sang*, brouillés d'ailleurs avec la police correctionnelle, et qui étaient des misérables, sous tous les rapports. L'insolente canaille répondit que *Merlinès* les vengerait, que *Merlinès* était leur père, l'unique colonne de la liberté, et que puisque les juges n'avaient point eu peur, et qu'ils avaient

voulu écouter leur conscience, il n'y aurait plus
d'*embauchage* ; mais que les accusés allaient être
conduits devant le tribunal (qu'on avait méconnu
dans le principe), pour les faire mourir comme
conspirateurs, tout simplement, ce qui changerait
bien alors la thèse ; et que si le tribunal, redevenu
compétent, était encore un de ces tribunaux à
écouter leur conscience, il ne resterait plus, pour
dernier coup, que d'appliquer la loi des suspects,
qui était une superbe loi, et sans laquelle il n'y
aurait pas eu la cent-mille millième partie de *cachets de posés*, autant de gens incarcérés ; et autant de monde envoyé sur la place du Chaos
qu'on en avait vu, et qu'on en verrait encore.

L'axiôme de *non bis in idem*, que leur cita Babouc, ne fit point fortune auprès d'eux ; il s'a-
perçut qu'ils étaient plus disposés à fendre la presse
et fouiller dans les poches, qu'à l'écouter. Le sur-
lendemain, il apprit que l'enchanteur *Merlinès*,
exécutait de point en point ce que ses chères créatures avaient dit dans la salle ; de sorte que d'honnêtes gens, d'abord condamnés à mort par une
commission guerrière, pour un crime d'*embauchage*
qui n'existait pas, mais dont la peine avait été
commuée en une détention plus ou moins longue,
se trouvèrent derechef exposés à courir tous les
dangers, sans perdre cependant tout-à-fait espérance ; car l'esprit public commençait à vouloir
faire un pas, et les faquirs à perdre un peu leur
crédit

crédit. Les défenseurs, les juges, furent applaudis, embrassés et couverts de bénédiction. Babouc mit sur ses tablettes le nom de chaque défenseur, de chaque juge, afin de prouver à l'ange Ituriel que s'il existait bien des monstres, bien des tigres abominables en Perse, on y trouvait aussi quelques amis de l'humanité, quelques honnêtes gens.

*　*　*　*　*　*　*

La réclamation du bâton, à la police, ne fit qu'exciter Babouc à parcourir les autres administrations. Par-tout il vit les hommes du 31 *des fleurs*, du 14 de *la moisson*, et du 10 *brûlant*. A la marine et chez *Merlinès* sur-tout, c'étaient des friponneries, une ineptie et une désorganisation dont on n'avait jamais eu d'exemple. La plupart des chefs lui demandaient, *oùs' que tu vas ?* et ils écrivaient *habitant* sans mettre un H; ceux qui avaient quelques talens, étaient simples expéditionnaires; plusieurs hommes de lettres, étaient garçons de bureau. Il compta vingt mille fois plus de commis qu'il ne fallait, sous aucun gouvernement, et cependant il n'y en avait point encore assez pour la besogne, qui était aussi immense qu'inutile. Les appointemens donnés à chacun étaient dévorans pour l'état, et nuls pour l'employé, qui ne recevait pas le quart de ce qu'il lui fallait pour vivre avec sobriété tout le mois; et

G

encore n'était-il pas payé ! Aussi, tous détestaient leur état, et croyaient le remplir trop bien.

En assistant aux audiences, Babouc eut l'art de remarquer, que chaque satrape n'avait accepté une si belle place, que par pur amour pour le bien public; et combien le public qui avait affaire, était reconnaissant, envers la chose publique, du temps qu'elle lui faisait perdre, pour venir recevoir des rebufades, et ne rien obtenir ! Il trouva, comme dans son premier voyage, l'anti-chambre remplie de gens de tout étage; on attendait peut-être quelques minutes de moins, mais on était obligé de revenir deux cent fois, et d'abandonner à la fin l'affaire qui devenait décidément interminable, dès qu'on n'avait plus de dariques d'or à offrir, et qu'on ne pouvait pas donner à dîné au palais sophial.

Babouc observa qu'il y avait encore plus de solliciteuses qu'autrefois, et que les plus jeunes et les plus jolies, malgré l'égalité et la suppression des abus, étaient toujours les premières expédiées. Il vit les belles épaulettes, les sabredaches, et tout l'attirail brillant des guerriers, qui venaient pour obtenir des permissions d'aller aux eaux, ou de régler quelques successions. Il reconnut très-bien que ceux qui semblaient tenir le plus aux épaulettes, à l'élégance de l'uniforme, et que les autres, à cause de cela, appellaient *musquinets*, n'étaient pas les moins braves, et que quelques-uns étaient faits pour ser-

...vir avec l'honneur, même dans l'ancien régime persan ; car il faut toujours être juste. Il causa avec plusieurs officiers, et fut très-satisfait de leur politesse et de leurs talens militaires. Certes, il eût mieux fait, en traversant le camp des plaines de Sennaar, de s'adresser directement dans la tente de ces officiers ; mais il fallait sans doute, pour Babouc, que la chose arrivât ainsi.

* * * * * * * *

Après avoir parcouru les sept administrations de la Perse, Babouc se glissa dans les divers *cabinets* de l'assemblée persépolienne ; c'était bien remonter véritablement à la source ! Il tâcha de tirer les vers du nez des grands faiseurs, qui lui révélèrent qu'il n'y avait point d'autre secret que d'aller toûjours son train ; qu'en conséquence, leur occupation, du matin au soir, était de fabriquer des milliards de lois, pour les présenter et faire accepter à l'illustre sénat, qui n'en savait pas davantage, et de les lui faire défabriquer quinze jours après, si, par hasard, les murmures devenaient un peu trop violens chez le peuple souverain. Par ce moyen, dirent-ils à Babouc, on contente tous les esprits ; car, celui qui se désespérait de la loi rendue, rit lorsqu'il la voit rapportée ; et nous autres émirs, ayant reçu tant de celui-ci, pour l'avoir imaginée, recevons aussi de celui-là tant

pour qu'elle soit annullée : c'est un des petits malheurs attachés à la plus belle des révolutions.

Le *cabinet* belliqueux soumit à Babouc, pour plus
de vingt années encore, de plans de campagne,
attendu la nécessité de se battre pour la consoli-
dité de la chose publique, immortaliser les généraux, et enrichir tous les fournisseurs. Celui de
Neptune lui fit l'étalage des vaisseaux à deux ponts
et à trois ponts, qui restaient encore, et qui devaient tomber dans les mains des Tartares, afin
de rendre la Perse aussi formidable sur mer que sur
terre. Chez *Cérès*, on lui fit voir des moyens in-
faillibles de combler tous les greniers, seulement
dès sept cent cinquante émirs ; moyens d'autant
plus faciles et moins criâns, que le *cabinet* belliqueux, *Merlines*, et les autres, chacun de leur côté, avaient soin de diminuer, pas mal, le nombre
des bouches persannes.

Le *cabinet* des fêtes ou *de Mômus*, ne lui parla
que de jeux olympiques à établir, ainsi que de
tournois, de courses à pied, à cheval, et même
sur des ânes, des mulets, et du concours immense
de spectacteurs, toutes les fois qu'il y aurait, le
soir, sur la rivière, des beaux feux d'artifices,
pour célébrer d'horribles époques, que les Persans, aux yeux mêmes des peuples les plus barbares, devraient à jamais effacer de leurs annales.
Ils offrirent à Babouc un tas de programmes, de
prospectus ; et se mirent à vouloir chanter des

odes qu'on avait faites, et dont la musique semblait respirer le carnage : *La victoire, en chantant...., etc.....* Mais Babouc les envoya promener.

Il eut une altercation terrible, dans le *cabinet* de
Plutus, avec le petit émir qui avait le maniement
des trésors ; il lui reprocha sa dureté, son ame de
bronze pour les rentiers, les commis, et son hy-
pocrisie assassinante, en leur promettant toujours
de prétendus secours, que le gouvernement, par
sa nature seule, ne pourrait jamais donner, dans
mille ans d'ici ; il traita tous les petits *cabinets*
comme des nègres, en leur disant hautement qu'ils
n'avaient qu'un seul et unique *cabinet*, celui de la
barbarie et de la destruction. Quel plus léger bien
avez-vous encore produit, leur dit-il, vous qui
avez tout renversé ? Qui vous a permis de trem-
per vos mains dans le sang du sophi, l'oïht du
seigneur ? Qui vous demandait une chose publique en Perse, quoique les choses publiques
soient excellentes ? Où sont les *cahiers* qu'on vous
avait donnés à ce sujet ? Est-ce qu'un gouvernement, quel qu'il soit, peut se soutenir sans impôts indirects, à plus forte raison quand il s'agit
d'entretenir sept cent cinquante mille fois plus de
créatures que ci-devant ? Vous vous êtes opposés
au rétablissement des loteries comme une chose
immorale, et vous alimentez l'infame jeu de la
hausse et de la baisse, dont vous êtes vous-mêmes

les banquiers...... Traîtres ! dites plutôt que votre intérêt est de faire jouer secrètement les loteries étrangères à votre compte.... Qu'avez-vous fait de la religion de vos pères ? Tous vos divorces, vos nouvelles lois sur les successions, ont-ils jeté assez de désordre dans les familles ?.... Spoliateurs impies, barbares, destructeurs, meurtriers, incendiaires que vous êtes, vous serez pourtant cause tous de la destruction de Persépolis !

Les grands faiseurs cherchèrent à l'appaiser, en lui disant que les reproches et les imprécations devaient plutôt tomber sur la première *assemblée*, sans laquelle rien de tout ce qui est ne serait arrivé ; que pour eux, à la vérité, ils avaient abattu de fond en comble l'édifice, mais que c'était à dessein de le rebâtir dans un meilleur goût, le dernier goût, et qu'on allait, sans désemparer, rétablir les impôts indirects, et même en créer tant qu'on pourrait ; faire payer, tout de bon, un *quart* de ce qui était dû aux rentiers, de la totalité qu'on leur avait prise (puisque l'état jouissait de leurs revenus en entier) ; qu'en conséquence, on en expédiait déjà cinq ou six par jour, en choisissant, bien entendu, les vieillards qui n'avaient plus que le souffle, et que les jeunes, par ce petit calcul, ne resteraient pas long-temps sur les bras de la chose publique persanne.

Puis, ils entrèrent dans des projets à perte de vue..... C'était une grande descente en Tartarie....

La liberté qu'on voulait arborer dans le ciel, sur la terre, au-delà des mers, et jusques au fin fond des enfers.... Puis on lui montra la nouvelle carte, qui, par trois vastes canaux, devait joindre le Tygre, l'Euphrate et le Zindrout à l'Araxe, pour amener des flottes jusqu'à Persépolis.... Les Persépoliens, pendant plus de huit jours, sauteraient de joie, et ne mangeraient plus, de voir des flottes entrer dans les quais, les plus beaux quais de l'univers..... Enfin, le bonheur de la Perse allait être irrévocablement fixé par la paix, la douce paix, qu'on était forcé, malgré soi, de conclure, et dont les conditions, par conséquent, seraient aussi avantageuses qu'on doit s'y attendre ; et ils ajoutèrent qu'il n'y aurait rien de surprenant, quand, avec tout cela, on serait obligé de jurer une constitution, qui compterait alors bien et duement pour la quatrième.

' Tous vos projets sont superbes, répondit Babouc ; ils sont magnifiques ! Mais si vous voulez faire quelque chose de mieux, c'est de vous retirer sans bruit, et de laisser le peu d'honnêtes gens qui restent, raccommoder, s'il est possible, tout ce que vous avez renversé.

*   *   *   *   *   *   *

Pour écarter un peu les horribles images dont il était entouré, Babouc se répandit dans les promenades., les spectacles. Hélas ! en parcourant tous les endroits publics, il découvrit, à travers le faste que les Persans déployaient, que la misère le disputait souverainement au luxe, et qu'un air morne et lugubre était répandu sur tous les visages ; chacun semblait dire : « Ma maison est » vendue..... demain je n'aurai plus un scudis.... et » peut-être que dans huit jours nous serons tous » égorgés ».... La chose publique persanne absorbait réellement tous les esprits.

Cependant, des parties de jeu, les bals et les concerts se donnaient tous les jours.... La dernière semaine du *ramadan*, que personne n'avait observé (à l'exception du vieux raja et de la vieille sultanne), n'avait jamais offert un concours si nombreux, composé, il est vrai, de valets, d'agioteurs et de maîtresses d'émirs. On ne pensait pas plus aux faquirs, qui ne perdaient pas une minute pour se relever et rétablir la terreur, qu'aux quatorze armées, qui, à la paix, pouvaient donner bien du fil à retordre. Pourvu qu'à deux ou trois cent pour cent d'intérêt, sur quelque gage bien solide, on pût encore aller entendre une fois le chanteur *incroyable*, le rossignol *Garatès*, qui était *la musique personnifiée*, et s'en aller *walser*, avec les plus belles perruques jaunes, pour ensuite laisser sa dernière darique d'or *à la bouillote* ou au *trente-un* ; on était satisfait, on mourrait content.

Je conçois bien , disait Babouc au Vieillard (en assistant tous les deux au concert qui se donnait au théâtre du *Prétendant*) ; qu'il est fort agréable de voir de jolies femmes, et d'entendre de belles *roulades* ; mais quand on n'aura plus rien demain, quand nos parens , nos amis sont égorgés , quand le respectable rentier, notre voisin, jeûne, et vous montre sa nudité ; quand le volcan, tout-à-l'heure, va peut-être s'embrâser plus fort que jamais , comment pouvoir s'occuper de plaisirs, et comment ne se sent-on pas plutôt disposé à soulager la misère d'autrui ? — Quand on n'a plus de mœurs, répondit le Vieillard, adieu toute sensibilité, adieu toute pudeur ; est-ce que le moindre sentiment d'humanité peut se concevoir aujourd'hui ? Ce chanteur est bien aimable ! vous avez vu le plaisir qu'il a procuré dans la loge égyptienne ; il a bien du talent, sur-tout lorsqu'il chante en *persan* , et non pas en *tibétien* (1) ; mais, entre nous, n'est-il pas scandaleux, dans tous les temps et tous les lieux, de donner quinze cents scudis à un homme, si célèbre qu'il soit, pour frédonner , pendant un quart d'heure, une demi - heure, tout au plus? *Nota bene,* ajouta le Vieillard, que pas un de tous ces spectateurs si bénévoles, acheterait la meilleure brochure

---

(1) La langue *tibétienne* est aussi douce que la langue *italienne*, mais il faut l'entendre dans la bouche d'un *tibétien* , autrement c'est ridicule.

qu'on lui proposerait, et qui aurait coûté à un honnête homme six mois au moins de travail. — Faites attention, reprit Babouc, qu'il est plus naturel de se montrer dans un concert, dans un bal, d'y étaler son petit orgueil, son impertinence, que d'acheter un ouvrage qu'il faudra lire, quand on est seul : on pourrait quelquefois, cependant l'acheter pour l'exposer sur la cheminée. Depuis la création, le monde est ainsi fait, et il ne changera pas ; tout ce qu'on peut lui demander, c'est de se mettre en révolution le plus rarement possible. Au reste, fort heureux en Perse aujourd'hui, qui n'ayant pas le bonheur de représenter le peuple souverain, a un bon larynx, un joli gosier, ou des jarrets pour danser, comme le phénix *Vestrissès*. L'indigent a beau soupirer, vouloir se plaindre, il faut convenir que chanter à ravir, danser à ravir, sont de jolis talens, des talens bien précieux, et que ceux qui les possèdent, ont raison d'en tirer parti.

Le ballet de *Psichus*, le ballet de *Télémachus*, le ballet du beau *Berger*, qu'ils avaient été voir récemment, les entraîna dans une petite dissertation, qui ne servit pas mal à remplir les vides du concert. Ce beau temple magique, jadis si enchanteur pour Babouc, n'avait pas *moins frappé* ses sens cette fois-ci. Ils convinrent que rien, là, si ce n'est les spectateurs et les pièces *tortionnaires*, n'annonçait la décadence, et que la musique, depuis trente ans, avait, au contraire, fait de très-grands progrès ; mais ils ne crurent pas pour cela que les Persans se releveraient, et que les Persans étaient le premier peuple du monde, comme le héros du *Tibet* l'écrivait sans doute, en riant, à une petite chose publique du voisinage, dont le sénat est sur les eaux. Babouc blâma le général qui avait de l'esprit, du talent, et qui pouvait mériter un jour le titre de *pacificateur*, d'avoir répondu à sa *hautesse*, en traitant les conditions de paix : « que la chose publique persanne était semblable au soleil, dont on ne pouvait nier la clarté. » C'est vouloir s'amuser, disait-il, et persiffler trop fort la chose publique persanne ; si jamais je rencontre ce général, et que je l'embrasse, je lui expliquerai là-dessus ma façon de penser ; c'était bien, comme on voit, être l'ami le plus sincère du héros du *Tibet*.

* * * * * * *

Babouc avait consacré plusieurs jours à visiter tous les spectacles ; on le mena sur les boulevards de la Mosquée (1), voir la sultane *Angotès*, qui le fit rire un moment. Un autre jour, on le régala des *Bouzesses d'Ispahan*, drame lugubre et senti-

---

(1) Boulevards qui ressemblent assez aux boulevards du Temple à Paris.

mental jusqu'à la fin ; une autrefois, il vit *la bénédiction* des poignards ; une autre fois, la *tribune*
de Caïus-Gracchus, et une autrefois *Timoléonès*,
très-grec pour égorger son frère. Il plaignit le public, le génie de l'auteur, et plus encore le siècle
où tout cela se faisait, malgré l'espèce de talent,
dit Babouc, qui semble briller dans les efforts
scholastiques du poëte *Chenillès*.

L'intérieur des *Cabinets Tortionnaires*, à la Cité
de Persépolis, lui parut une pièce de circonstance
bien frappée, et qu'il était utile d'afficher souvent,
pour la plus grande gloire de la chose publique
persanne.

Au théâtre des ci-devants *Tibétiens* (1), il vit
deux ou trois jolies petites pièces, parfaitement
bien jouées, et une actrice consommée, qu'on appelait la sultane *Dugazonès* ; elle était dans son
genre, ce que la sultane *Comtadès* et la sultane *Rau-
courtès* étaient dans le leur, c'est-à-dire, inimitable.
On ne pouvait comparer à ces actrices étonnantes,
que *Grandménilès*, *Molès*, *Fleuriès*, *Dazincourtès* ;
et dans la tragédie, *St.-Prixès*, *Monvelès*, *Tal-
maès*, et *Saint-Phalès*. Ce n'est pas que quelques
autres acteurs n'eussent infiniment de mérite, et
Babouc était ravi toutes les fois qu'il voyait paraître sur la scène *la sultane* Langès et la jeune

____

(1) C'est un théâtre dans le genre des Italiens.

sultane Simonès, qui donnait déjà les plus grandes espérances. Comme il n'était d'aucune cabale, d'aucune faction, ses yeux ne se fermaient point sur le talent, et tant pis pour l'acteur ou l'auteur qui aurait été un faquir, un homme sans mœurs; c'est au public, en pareil cas, disait-il, de prendre le bon, et de mépriser ce qu'il y a de mauvais.

En voyant Philoctète, Othello, la mort d'Abel, Agamemnon (1), le Vieux Célibataire, l'Intrigue-Epistolaire, l'Ecole des Pères, il répétait toujours au Vieillard : comment se fait-il que les Persans soient devenus barbares, dénonciateurs, faquirs, et que tout-à-coup ils se soient trouvés dans une chose publique comme il n'y en a pas ? Qu'il est malheureux pour des acteurs si parfaits, et les derniers que probablement aura la Perse, d'être réduits à jouer, le reste de leur vie, devant tout ce qu'il y a de plus coquin, de plus sot et de plus canaille !

Le théâtre du chant, ou l'*Odéonos*, à son tour, fixa aussi les regards de Babouc. Dépensez encore davantage, s'il est possible, dit-il aux entrepreneurs, et que ceux qui jouaient ici, reviennent; alors je vous réponds que vous ne vous ruinerez pas; quand même les cinq qui font embellir leur

______

(1) Tragédie nouvelle d'un jeune Persan; cette pièce est faite de main de maître.

palais, n'exécuteraient pas le plan qu'on leur a donné, de ressusciter le beau siècle du sophi, surnommé le Grand.

*   *   *   *   *

Puisque nous avons la robe noire, et chacun notre carte d'abonnement, dit le Vieillard, rien ne nous empêche d'aller passer ce soir une couple d'heure au *Cercle Musical.* Ce sont tous artistes, presque tous hommes de lettres rassemblés ; on y lit les papiers nouvelles ; on y danse comme à l'*Odéonos*, avec de jolies femmes, et l'on y fait de la musique sous l'archet du fameux St.-Georgès, qui, dans plus d'un genre excelle ; ce sera *délicieux*, comme disent les *incroyables* et les *merveilleuses !*

Babouc, en noir, selon l'étiquette, fut bien caressé, bien fêté au *Cercle Musical* : mais il ne risqua pas une seule darique au jeu ; il s'amusa long-temps à parcourir les papiers, et tous les beaux esprits vinrent s'asseoir auprès de lui ; il leur donna des conseils fort utiles sur quelques ouvrages qu'ils se proposaient de publier : « Assez de brochures, assez de journaux, dit-il à plusieurs jeunes gens qui voulaient avoir la rage de se faire des souscripteurs ! Écrirez-vous mieux que l'*Accusateur ?* Avez-vous plus d'esprit que la *Quotidienne* et que le *Grondeur ?* Le journal de Persépolis ne

l'emportera-t-il pas toujours sur vous ? Lisez les
Nouvelles Politiques, le journal Général, le Miroir, les Annales Universelles, le Messager du
Soir, la Tribune publique, le Déjeuné, les Rapsodies que voilà sur cette table, et tenez-vous
tranquilles. De l'esprit ne suffit pas pour écrire,
il faut une longue habitude, des connaissances
réelles, et sur-tout un sujet ; sans sujet, on bat
la campagne. Si dans vos feuilles ou brochures,
il n'y a pas un but moral ; si vous ne peignez pas
les mœurs telles qu'elles sont ; si vos portraits ne
sautent pas aux yeux ; si vous n'êtes pas utile,
vrai enfin dans vos *nouvelles*, comme dans votre
article *variété*, qui diable voulez-vous qui vous
lise et vous achète ? Vous direz des méchancetés, et
qu'est-ce que c'est que des méchancetés? Qu'importe
aux honnêtes-gens les *Merlinès*, les . . . . ., et toute
l'infâme séquelle *tortionnaire* en *ès* ? Ce n'est pas
que je refuse d'être votre souscripteur, ajouta Babouc, et il souscrivit aussitôt pour une douzaine
de nouveaux journaux à paraître quand on voudrait : l'année même fut payée d'avance. Je conti-
tribuerai à ennuyer le public, dit-il tout bas au
Vieillard, mais j'aurai eu le plaisir d'obliger des
gens qui pourront aller dîner.

La conversation, sur les journalistes, fut poussée assez loin ; il se plaignit de plusieurs rédac-
teurs, fort bons, mais trop négligens à annoncer
les ouvrages qu'on leur adressait *gratis* à cet effet ;

Vous savez, leur dit-il en souriant, que le public,
plus hébété que jamais, ne peut acheter la moindre
drogue, que vous ne lui ayez dit là-dessus ce qu'il
faut faire; et vous avez la cruauté de laisser passer
des mois, qui sont des années, sans dire un mot
de l'ouvrage; ou bien, et c'est encore de votre
part une très-grande protection, vous finissez par
annoncer le *titre*, purement et simplement; ce qui
est presque l'arrêt le plus terrible qu'on puisse
lâcher, en Perse, contre un livre : et l'auteur,
grâce à vos bontés, se voit condamné à rester
honteusement chez son libraire. Jugez, quand par
hasard l'ouvrage est bon, combien vous avez de
droits à la reconnoissance de celui qui l'a fait....!
Si vous êtes les distributeurs de la gloire, ne faites
donc pas languir, et songez que dans ces jours
de détresse, un auteur peut avoir plus d'un
motif.

Ensuite Babouc parla, en général, de ces journalistes, de ces hommes de lettres, qui louaient
ou blâmaient un ouvrage indifféremment, et qui,
pour vingt-cinq roupies doubles, ne rempliraient
leurs feuilles que de vous, pendant six mois, et
viendraient à bout de vous débarrasser de trente
éditions, coup sur coup. Il parla aussi de ceux
qui, après avoir pris chaudement le parti de la
vérité, tournaient insensiblement casaque, et n'a-
vaient plus la force de tonner contre la faction qui
distribue les dariques. Il s'étendit avec douleur, en

même

même temps , sur le fiel et la jalousie , l'orgueil insupportable de ceux qui , pour la plupart , cultivent les lettres. Babouc était enchanté qu'on eût de l'esprit , du talent ; mais il voulait qu'on fût modeste , et sur-tout qu'on respectât ses maîtres. Quel aveuglement ! quelle pitié ! leur disait Babouc , de voir des plumes , à peine sorties de leurs coquilles , se permettre d'attaquer les seuls hommes véritablement de lettres qu'il y ait en Perse , et croire , pour ainsi dire , qu'on a autant de connaissances , autant d'esprit , et qu'on ferait même des choses bien supérieures , si l'on voulait s'en donner la peine ; eh ! mes amis ! une scène de *Philoctetès* , de *Warwickès* , une page *de l'État des Lettres en Asie* , une ligne seule *du Fanatisme, dans la langue tortionnaire* , vous confond , vous écrase...... Ah ! reconnaissez votre néant : quel rapport entre un ouvrage plein de logique et de vérités , et l'*apocalypse* en question , que follement on a été déterrer dans de sottes comparaisons ? Quoi ! un sage souvent ne pourrait pas s'être égaré dans sa jeunessse , et avoir la liberté de revenir sincèrement , et de le prouver par ses écrits ? Vous abhorrez , avec raison , la révolution , et vous ne voulez pas qu'on ait de la religion ! Vous voulez qu'on soit athée ! Avouez que le *philosophe* astronome qui vient de se déclarer *publiquement* de la *secte régnante* , prouve , par - là , qu'il n'a été et ne sera jamais qu'un misérable *astrologue* ; car , avec un peu de talent, il devrait savoir que *cœli enarrant gloriam Dei*; et Platon, Socrate, Aristote le fameux *tourbillonnaire* et le grand *attractionnaire* ayant cru en Dieu, l'astronome *Lalandès* pourrait très-bien y croire. Quand Babouc leur disait tout cela, il avait ses raisons, parce qu'il avait vu, dans certains journaux, certains coups de patte assez mauvais, et qui l'avaient d'autant plus affligé, qu'ils partaient d'écrivains estimables, instruits et faits pour sentir, mieux que personne, tout le mérite de l'ancien disciple du grand poëte persan.

Mais le bruit des instrumens, celui des danseurs et des danseuses engageaient Babouc à quitter les papiers publics, la littérature et tous les auteurs. Il entra avec le Vieillard dans le *Tyazès* ou le *Thiaseos*, pour parler grec, et le bal, si l'on veut parler persan, et tous les beaux esprits le suivirent. C'était un endroit charmant, décoré de guirlandes de fleurs, et qui avait l'air du véritable Panthéon, où s'amusaient autrefois les Dieux immortels.

Entraîné par une espèce de charme irrésistible, Babouc dansa, malgré lui, trois contredanses, d'un pas aussi léger, aussi ferme que les meilleurs et plus jeunes danseurs ; il eut la gloire, le plaisir, le bonheur de *walser* avec Vénus ou avec Flore ; car celle qui nonchalamment se laissait balancer, était blonde, langoureuse, et belle comme ces deux déesses. On assure, qu'à bien examiner ses deux grands yeux bleus, elle ne devait pas encore avoir

ses dix-sept ans bien comptés, et que jamais perruque, d'aucune couleur, ne profana son beau front,
ses beaux cheveux ; elle devait cette rare faveur aux
soins d'une mère sage, qui connaissait la nature
comme Cybèle, ou comme Uranie, et qui était folle
de sa fille. Le Vieillard fit une *walse* avec cette
mère ; et le Vieillard ne pouvait pas se plaindre,
puisque la mère elle-même, était encore très-belle
et très-fraîche ; mais pas si fraîche que sa fille.

Dans ces momens délicieux, Babouc oublia
que le superbe appartement où l'on dansait, appartenait à la princesse la plus vertueuse, la plus respectable, et que c'était une chose inouie, indé-
cente, et qui sentait absolument le brigandage,
que de venir fouler aux pieds le plancher d'autrui,
de celle qu'on a (ainsi que bien d'autre princes et
princesses) dépouillée, exilée, chassée de sa maison. Quand on en aurait eu vraiment l'intention,
pourrait-on insulter davantage au malheur ? Eh !
qui sait les torrens de pleurs que, sous ces beaux
lambris, la princesse a versés sur tous les crimes
dont elle se voyait horriblement environnée ? . . . .
O vous, Persans ! qui n'êtes pas de la clique *tortionnaire*, pourquoi, pour vos maudits plaisirs à
contre-temps, chercher un tel asile ? Vous re-
nouvelez les douleurs d'une bonne princesse,
vous l'accablez, lui donnez peut - être la mort !
Tout vous éloigne d'ici.... Le crime et la vertu

habitèrent ces lieux...... Ah ! si vous n'êtes pas encore tout-à-fait barbares, fuyez !

Telles furent les réflexions du Vieillard, après avoir *walsé*. Il communiqua ses réflexions à Babouc, qui en avait à-peu-près fait d'équivalentes; et considérant à loisir, l'un et l'autre, cette immensité de chevelures postiches, collées sur tant de têtes masculines et féminines; qui sait, se dirent-ils, assez haut pour être entendus, si telle ou telle perruque n'est pas tissue avec les propres cheveux du père ou de la mère, de l'époux ou de l'épouse, du frère ou de la sœur, de ceux ou de celles qui la portent, et qui chaque jour redemandent à l'univers entier leurs parens égorgés sur la place du Chaos ?....

O ciel ! s'écria un jeune couple, épouvanté de l'image déchirante ! comment, nous si sensibles, osons-nous parer ainsi nos têtes ? Ils rougirent, et quelques larmes, un instant, inondèrent leur visage ; puis, devant une glace, examinant leur désordre, ils rajustèrent le toupet en chien couchant, le gros chignon, et se mirent à sourire, parce qu'une sultane, en sautant trop fort, avait laissé sa perruque *jaune* accrochée à la branche d'un lustre, et que tout le cercle musical découvrait une forêt d'un noir et d'un crépu, comme on n'en vit jamais dans toute la haute et basse Egypte; et tout le monde de rire à gorge déployée, à cause aussi d'un danseur des plus mal-adroit, qui venait

de briser la pointe allongée de son soulier
contre celle non moins redoutable d'une sultane,
qui, contemplant le bout de son pied, n'avait
point envie de badiner. Le pauvre danseur avait
commis cette lourde sottise, au moment où il
avait enfoncé sa pointe aiguë dans la jambe d'un
figurant qui faisait des cris épouvantables. Heureusement pour le mal-adroit, sa cravate l'enve-
loppait jusqu'au bout du nez; de sorte que dans
cette circonstance, son visage, plus rouge que
l'écarlate, n'eut, pour ainsi dire, qu'une demi-
honte.

On était bien cinq ou six cents, au moins;
alors le directeur Saint-Georges et plusieurs autres,
proposèrent exprès à toute la compagnie, artistes
et abonnés, le premier exemplaire d'un petit ouvrage, afin que l'auteur pût donner promptement
la seconde partie. On assura qu'on y peignait la
chose publique, les mœurs persannes, d'après
nature. — Oh! cela doit être fort curieux, répondit tout le monde; il nous en faudra chacun une
copie. — Moi, je danse la première, et vous la
seconde *walse*, n'est-ce pas ? — Moi, je cours
bien vîte mettre quelques pièces d'or sur la rouge
ou sur la noire, dit une autre; et nous, lire les
papiers, répondirent ceux qui ne dansaient pas.
Les autres se retirèrent chez eux, et personne ne prit
un seul exemplaire, à l'exception du Scythe et du

Vieillard, qui résolurent, puisque l'ouvrage était utile, de le faire imprimer à leurs frais; et la seconde partie, par ce moyen, ne tarda pas à paraître. Cependant cette brochure regardait essentiellement tous les Persans; et les honnêtes gens, les gens qui n'étaient point *tortionnaires*, devaient être intéressés, plus que personne, à la voir sortir bien vite de la presse; mais telles étaient les mœurs de la nouvelle Perse, d'avoir une apathie générale pour tout ce qui n'était point bal, spectacle, concert ou ajustement.

De grands éclats de rire, des petites disputes sur le rossignol *Garatès*, une bonne charade, dont le mot était *Merlinès*, et quelques épigrammes pleines de sel contre les faquirs, terminèrent cette soirée, beaucoup trop agréable pour les circonstances. Mais Babouc, qui, grâce au grand costume noir (car, impossible d'entrer là, sans être en noir; c'était un décret immuable, une loi du cercle musical, qui ne serait jamais rapportée), avait dansé trois contre-danses, et *walsé* avec Vénus ou avec Flore, aurait eu tort de se fâcher, et il rentra chez lui, de plus en plus convaincu que les Persans étaient absolument nés pour chanter des romances, des vaudevilles, des ariettes, danser, faire des épigrammes, des charades, des logogriphes, des bouts-rimés, et végéter tranquillement sous des sophis, attendu que la grâce suffisante leur manquerait toujours pour vivre en chose publique.

* * * * *

On se rappelle que Babouc, en donnant à dîné à quelques rentiers, au Palais - Sophial, voulait connaître particulièrement les femmes, chose qui n'est pas si aisée à tout le monde, en Perse, qu'on le croirait bien. Peu embarrassé de s'insinuer auprès d'elles, il ne s'avisa point, pour quelques scudis, de faire insérer dans les *petites affiches* de Persépolis « qu'un Scythe, d'un âge mur, mais encore très-frais, désirerait, etc. » Cette nouvelle méthode de se procurer un essaim de femmes, filles, veuves, jeunes, vieilles, belles ou laides, était trop contraire aux bonnes mœurs et à la raison, pour être du goût de l'*envoyé*; c'est pourquoi il se fit introduire naturellement et décemment chez toutes les personnes qui avaient épousé des émirs, des agioteurs, des acquéreurs de biens défendus ; chez toutes les *faquiresses*, en général ; et ensuite il se présenta, toujours à l'aide du Vieillard, chez les femmes mariées, par un mage, à tous les honnêtes gens. Il découvrit que les premières étaient, presque toutes, des petites couturières, des intrigantes, des comédiennes, et que les législateurs de la Perse, ainsi que les agioteurs, faquirs et acquéreurs de biens défendus, portaient sur leur front tout ce qu'ils méritaient ; au lieu que les rentiers et les autres étaient beaucoup plus épargnés dans l'affaire. Il faut dire aussi que les femmes de ceux-ci n'étaient pas les *habituées*, les *sultanes* tricoteuses des deux chambres ; qu'elles n'allaient pas tous les soirs à *Caïn-Gracchus*, qu'elles ne fêtaient pas la *dixaine*, exprès pour s'épargner le devoir de prier Orosmade le jour consacré ; qu'elles n'affectaient pas de lire et d'entendre l'*acte insocial*, mais qu'elles nourrissaient presque toutes leurs enfans, et qu'elles n'avaient pas encore divorcé. La plupart ne subsistaient que du produit de leur travail ; elles n'avaient pas de perruques *jaunes* : la vertu embellissait leurs charmes toujours sans apprêts ; elles étaient douces, patientes dans le malheur, aimantes, pieuses et charitables. C'est parmi elles, que Babouc trouva des *Artémise pleurant* leurs époux, et dont les chastes mains préparaient des lauriers, pour couronner le héros du *Tibet* ; si jamais, sous sa banière, tant de malheureux amans, arrachés de leurs foyers, revenaient enfin accomplir leurs sermens ; tandis que d'autres, si intéressantes, étaient condamnées à n'avoir pour toute consolation, que le funeste portrait, le chiffre cruel, et plus souvent encore une simple promesse, un unique écrit. O guerre désastreuse ! que de Persans moissonnés ! et que de jeunes gens ont encore à passer la rive noire, avant que tout soit fini ! Babouc espéra qu'en parlant de ces aimables femmes, de ces femmes, l'honneur et l'exemple de leur sexe, il désarmerait, à coup sûr, la vengeance d'Ituriel.

Voilà pourtant ce que c'est que la religion, lui dit le Vieillard ! Elle rend les épouses fidèles, les amantes dignes d'être aimées, et nous fait supporter toutes les adversités de cette malheureuse vie. Sans elle, point de vertus réelles, point de probité absolue ; et que les apôtres de l'athéisme, ouverts ou cachés, sont aveugles et méchans ! Vous êtes franc comme un Scythe, dit-il à Babouc ; si demain vous deviez avoir le malheur de perdre vos diamans, vos roupies, vos dariques, n'aimeriez-vous pas mieux, pour les retrouver, qu'ils tombassent dans les mains de ce bon officier public qui enterre, et dont vous m'avez parlé, ou dans les miennes, celles du vieux raja, de la vieille sultane et de tous les fidèles domestiques de la maison, tout *magistrates* et tout *fanatiques* qu'on veuille bien nous faire passer, qu'entre les mains des *Bessus* et des *Merlinès*, qui sont des *philosophes* jusqu'au bout des ongles ?

Est-ce que l'auteur de *Philoctetès* n'a pas eu raison, dans son important ouvrage *du fanatisme, dans la langue tortionnaire*, de mystifier et terrasser, comme il fait, cette race impie, qui s'intitule *philosophes*, et qui renverse les saints autels, le trône, pour ouvrir des temples à la raison, établir des gouvernemens *tortionnaires*, piller, mas-

sacrer, violer les tombeaux, toutes les propriétés ;
faire des 10 *brûlant*, des 2 et 3 des *fruits*, des 3 1
des *fleurs*, des 13 *vendange*, et tout ce que le crime
peut enfanter de plus noir et de plus hideux ?....
Comme l'auteur les poursuit, les pulvérise ! comme il
leur prouve, avec son argument *ad hominem*, que
dans les hôpitaux, où les malades manquent de tout,
depuis l'heureuse régénération, dans les prisons,
par-tout où gémit l'humanité souffrante, ce ne sont
point les *philosophes* à *myriagramos*, qui viennent
montrer leur nez, verser le beaume consolateur,
mais bien les bons *fanatiques*, ces mêmes *bonzesses*
grises qu'on a outragées, dépouillées, et qui par-
tageront, jusqu'au dernier soupir, le scudis, la
chemise qui leur restera, parce que la religion le
leur commande ; elles seules, *fanatiques*, savent
panser les plaies et essuyer toutes les larmes. Secte
abominable ! l'auteur sait bien que vous n'êtes pas
philosophes, et c'est ce qui vous fait enrager tous !
Si vous l'eussiez été, la plus sage, la plus belle et
la plus sainte de toutes les religions n'eût jamais
été profanée ; le sophi existerait encore, et les
Persans seraient aussi heureux que vous les avez
rendus malheureux, pour vous gorger de richesses,
d'honneurs et de pouvoirs. Aimable philosophie,
toi qui existes réellement, reçois mes hommages,
mon adoration ! Viens t'asseoir sur le trône, et
gouverner à jamais ; c'est toi qui démontres l'exis-

tence d'un Dieu créateur, fais connaître toutes les
merveilles de la nature ; tu avertis l'ame en secret,
qu'elle est immortelle ; c'est toi qui apprivoises les
hommes, leur fais sentir tous leurs devoirs, ar-
raches de leur cœur l'égoïsme, pour n'y laisser
que la douce pitié, la sainte humanité. Tes leçons
font aimer la vie, chérir l'ordre ; il semble qu'a-
vec toi, tous les liens de la société soient tissus
de fleurs. Tu es le ciment, l'appui le plus sûr des
empires, et la religion te reconnaît avec plaisir
pour son auguste sœur, sa sœur aînée.

Je me repentirai jusqu'à la mort, dit le Vieillard, d'avoir été aussi de la clique, dans mon
jeune temps ; alors je n'avais plus de religion, et
ne croyais presque pas à une première cause ; j'é-
tais le sourd *Lalandès*, lorsqu'il regarde les astres
sur le bord de sa fosse. La piété filiale, les sermens faits à la beauté, la foi conjugale, les en-
gagemens les plus sacrés, n'étaient à mes yeux que
de sots préjugés, des entraves faites pour le vulgaire, le petit peuple ; et dans ces temps-là, que
n'aurais-je peut-être pas commis pour la liberté et
l'égalité ! — Et croyez-vous, reprit Babouc, que
j'ai toujours été sage, et que dans la fougue des
passions, je n'aie pas cherché à secouer le joug ?
Mais l'homme revient dès qu'il veut écouter sa
conscience. — Ceux qui ont fait des révolutions,
dit le Vieillard, ne l'écoutent guères. — Je le sais

bien, répondit Babouc; mais aussi vous voyez que tous meurent comme ils le méritent.

$$* \quad * \quad * \quad * \quad * \quad *$$

Ce qui affligea encore beaucoup Babouc, à Persépolis, c'était la haine invétérée que tous les Persans se portaient souvent pour des riens, une cocarde trop grande ou trop petite, placée *comme ci*, tandis qu'elle devait être *comme ça*; et alors les mots injurieux de *cohens*, de *magicrates*, de *sophialistes*, de *musquinets*, d'*incroyables*, qui pleuvaient de toutes parts, et qui étaient autant d'anathêmes, pour frapper de mort, quand on pourrait. Jamais l'homme n'en avait plus voulu à son semblable, à toute la nature; et en se récriant contre les atrocités, c'est que celui-là aurait peut-être égorgé son adversaire, qui ne pensait pas comme lui. Guerre ouverte contre tout le monde! Jamais d'indulgence, point de pardon pour la plus petite erreur! plus de confiance en personne, pas même en ses proches! Tout commerce humain banni; plus de société nulle part, excepté les bals, les concerts, où on se rendait avec une espèce de colère, comme se rendent de toutes les parties de l'Afrique, au bord du même ruisseau, ces lions, ces tigres, ces hyènes, ces panthères qui cherchent à se désaltérer. Aucun respect, aucun égard pour les femmes! plus d'amans, plus d'amis;

l'amour, ainsi que l'amitié, avait totalement disparu. C'est ainsi que Babouc, par sa mission, fut à
portée de voir tout ce dont peut être capable l'engeance dite humaine, quand le ciel, pour se venger, la livre aux horreurs de la plus abominable
des révolutions. Hélas! disait Babouc, aurais-je
donc fait une faute d'arrêter la vengeance d'Ituriel, il y a trente ans ?

Dans le *tiers* qui est forcé de déloger, si le sort,
dit Babouc, pouvait tomber sur les plus coquins,
ce serait toujours autant d'extirpé des deux chambres. — Les *remplaçans* ne seront peut-être pas si
mauvais, et les *halles primaires* doivent y prendre
garde. — Qu'il vienne un bon pilote, pour conduire les quatre autres du palais, et que le héros
du *Tibet*, pour vraiment s'immortaliser, veuille
faire *un grand coup*, alors la paix peut se bâcler,
les choses reprendre leur première tournure, les
finances se raccommoder, et les Persans n'avoir
plus besoin de s'égorger. Les horreurs d'un peuple
ne viennent toujours que du gouvernement. —
Que va dire l'ange Ituriel ? — Attendons, au
moins, à retourner vers lui, que tous les *tirages*
soient faits. — Et dans le moment où Babouc tenait les balances de la Perse, arriva le Vieillard,
pour le voir et lui proposer d'aller un peu du côté
de ces tavernes, où le peuple s'en donnait du
mauvais et du très-cher, en parlant toujours de
c't'ancien si joyeux, qui coûtait moitié moins, et qui

faisait ben pus de profit au pauvre cœur; mais il faut *ben* que *stilà* nous empoisonne, disaient-ils, puisqu'il vient de la révolution.

*   *   *   *   *   *

Le peuple buvait, causait et paraissait fort touché de la manière dont on avait officié le matin, et ensuite l'après-midi, dans la Mosquée. C'est fichu, disaient-ils, *Lakanaille* (1) déraisonne ! Le septième jour l'emportera toujours sur la *dixaine,* et parions qu'il finira par la manger. Tiens, tous ces beaux diseux ne sont que des fichus bêtes et des coquins ; il existe queuque chose qui a tout fait, et not esprit n'irait pas si loin, si je n'avions pas d'ame ! nos pères le savions bien. »

Les petites querelles s'élevèrent sur les nomitions qu'on devait faire. *S'tui-ci* devait avoir des voix, parce qu'il vendait de bon *shiraz; s'tuilà,*

______

(1) Nom d'un de leurs émirs qui avait été bonze - pédagogue, ce qui veut dire oratorien parmi nous. Il se mit un jour fort en colère contre un malheureux *magicrate,* pour avoir prononcé le mot persan qui correspond à notre mot dimanche : s'il eût tué le *magicrate,* on ne pourrait pas dire, au moins, que c'eût été par une sainte colère. C'est un homme qui a rendu de grands services à la chose publique persanne, en travaillant aux fêtes de la dixaine, le poëte *Chenilles* et lui ; comme deux forçats. Son vrai nom est *Lakanalès ;* mais le peuple qui estropie tous les noms, l'appelle *Lekanaille,* et quelquefois *Bakanal.*

non, parce qu'il portait de longues brayettes comme les faquirs. *Droguetès* était un gueux, et d'autres soutenaient que non, et qu'il n'y avait que *Santerrès* pour faire manœuvrer tout son faubourg comme il faut, ainsi que *Merlinès* pour avoir de la justice, et faire arrêter tous ceux qui diraient *seigneur*, et qui auraient des richesses par-dessus les yeux. — Pourquoi, leur dit Babouc, en acceptant le sorbet (1) qu'ils lui présentèrent, ne vous occuper que de choses inutiles, et vous entretenir continuellement de particuliers qui auraient dû rester à jamais dans l'oubli ? Que vous importe les pauvres talens d'un général persan qui fait de la bière ou de l'hydromèle ? Pourquoi aller chercher un misérable émir qui aurait été postillon, et cent mille autres individus qui vous tournent la cervelle, et qui se moquent de vous, comme *Merlinès* ? — Ils avouèrent qu'ils étaient des sots ; mais, dirent-ils, encore faut-il que le peuple s'occupe de *queuquz'uns.*

Pourquoi, leur demanda Babouc, ces haînes particulières, ces projets de vengeance éternelle contre des riches honnêtes et respectables, que vous ne connoissez même pas ? Pourquoi un tel,

---

(1) On est obligé absolument d'admirer la sagesse de Babouc et du Vieillard ; chez Bessus, ils refusent tout ce qu'on leur offre, et ici, ils acceptent ce que de bonnes gens, honnêtes, leur présentent.

à vos yeux, est-il un scélérat ici, et deux pas plus loin un honnête homme, s'il en fût ? Pourquoi juger une personne d'après une espèce de pantalon, ou d'après une espèce de robe carrée; et, parce qu'en parlant, elle se sera servie, par hasard ou exprès du mot *seigneur*, qui est bien plus convenable, en général, que celui d'*habitant*, que vous écrivez sans mettre un *h* ? L'ezourveidam et les autres livres sacrés vous l'ont-ils recommandé ? Pourquoi aimez-vous tant à voir incarcérer, et à voir répandre le sang de votre semblable ?

Ils répondirent à Babouc que c'était pourtant vrai, tout ce qu'il disait, et qu'il n'y avait pas un seul émir, dans toute l'assemblée persépolienne, pour parler comme-ça; que cés sang-sues-là aimaient mieux se taire, et avaler leur darique et demie d'or par jour, sans compter le retour du bâton, que de donner au peuple le seul bon conseil qui existait.

Ils convinrent, haut à la main, n'avoir fait la révolution persanne que dans l'espoir de payer le riz et la vache quelque chose de moins, et parce qu'on leur avait promis aussi qu'ils mangeraient de bons poulets tous les jours, et qu'ils boiraient du *shiraz*, tant et plus; mais qu'ils voyaient bien qu'on les avait trompés, et que c'était très-mal à propos qu'on avait fait brûler tous les châteaux par des bandes de scélérats qui ne demandaient pas mieux que de brûler. Ils eurent la

hardiesse

hardiesse, ou plutôt l'extravagance, de dire à
Babouc qu'il fallait absolument un sophi, que
tout était perdu, si l'on ne se dépêchait bien vite
d'en mettre un ; qu'ils voulaient en avoir un, et
que ce n'irait jamais bien tant que la Perse n'aurait
pas de sophi ; mais, ajoutèrent-ils, on a donné des
voix contre le défunt, et ceux-là craignent le retour de la famille. Ils voudraient bien tâcher de
nous faire peur : comme si le véritable prétendant,
appelé par tout le peuple, aurait intérêt de nuire
et de faire du mal ! Comme s'il ne serait pas plus
naturel et plus beau à lui de pardonner, et
d'embrasser tout le monde ! Et quand les *disparus*
rentreraient, disait le peuple, où serait donc le
grand malheur ? Ne vaudrait - il pas mieux que
d'honnêtes gens jouissent de ce qui leur appartient,
que de voir tous leurs biens entre les mains des
voleurs, de tous ces infames scélérats d'acquéreurs
qui n'avaient pas de souliers, et qui, depuis le
maximum, ont accaparé toutes nos dariques et
toutes nos marchandises; d'ailleurs, dirent - ils,
quand les *disparus* rentreraient, leur intérêt serait
encore de se taire. N'ont-ils pas bien fait de s'en
aller, puisqu'on les aurait égorgés ? Ils jurèrent
qu'ils voulaient ravoir leurs bons mages, leurs
mages vertueux et respectables, qui valaient beaucoup mieux que les *jureurs*, qui n'avaient prêté
leur serment que pour se trouver à la place de
leurs prédécesseurs, et fouler aux pieds tout ce

I

qu'il y a de plus sacré. Voilà, dirent-ils, ceux qu'il fallait jeter à l'eau, ou renfermer à perpétuité. . . . . Ils affirmèrent qu'ils ne souffriraient pas plus long-temps qu'on mît des pourritures de marchandises dans leurs temples; que de pareilles choses criaient vengeance, et qu'au premier moment, le ciel écraserait tous les Persans, l'un après l'autre, pour les punir de leurs forfaits et de leur abomination.

Babouc se recueillit, et leur répondit que si effectivement on leur avait promis bombance tous les jours, on les avait un peu trompés. Il leur démontra que vingt-trois ou vingt-quatre millions d'*habitans* ne pouvaient pas manger chacun seulement un poulet tous les ans, ni boire une demi-cuillerée de *shiraz*. Il leur fit entendre, clair comme le jour, qu'il y aurait toujours sur la terre les deux tiers et demi des individus qui dîneraient mal et fort mal, afin que les autres pussent se régaler amplement; que si, leur dit-il, on veut s'y opposer, par une soi-disante égalité de parts, il en résultera que chacun alors n'aura pas une bouchée, et que tout le monde s'égorgera. Ainsi l'a voulu la providence, dit Babouc, et vous savez qu'il n'est pas permis de murmurer contre elle. Il leur conseilla de ne jamais songer à se révolter contre le gouvernement; il leur dit qu'il fallait obéir aux lois, se rallier autour de la troisième constitution, quand bien même elle ne serait pas tout-à-fait un chef-d'œuvre de morale et de raison ; et qu'il fallait attendre des bons émirs qui resteraient et des autres qui rentreraient, un temps plus propice, plus favorable ; que chaque fois que le peuple prendrait les armes, sans l'ordre du gouvernement, le peuple ne ferait qu'aggraver ses maux. Il les engagea aussi à se réunir tous pour soutenir la chose publique, qui était toujours prête à tomber, repousser l'ennemi commun, et empêcher la Perse d'être démembrée, ainsi qu'elle en était menacée, d'après ce que lui avaient dit plusieurs bons rentiers, avec lesquels il s'était trouvé à dîner au Palais - Sophial. Il leur recommanda d'être bien sur leurs gardes au moment des prochaines élections ; de ne pas donner dans les 31 des *fleurs*, ni dans les 13 *vendange*, qu'on pourrait leur tendre ; d'écarter absolument tous les faquirs, et de ne donner leurs voix qu'à des hommes éclairés, probes et bien connus. Il leur fit promettre, en même temps, qu'ils ne rembourseraient pas (quand les lois sur cela seraient éternelles) 60 mille scudis avec six dariques, soit pour garder les marchandises qu'ils auraient achetées, soit pour s'approprier la ferme qu'on leur aurait vendue, bien qu'elle leur convînt parfaitement ; et qu'ils paieraient exactement en numéraire et sans échelle, tous les arrérages dont ils seraient débiteurs, puisqu'en leur ame et conscience, c'était en numéraire qu'ils avaient contracté, et que

la conscience d'un honnête homme, devait être
quelque chose de plus fort que toutes les lois qui
répugnent à la justice ; et que jamais enfin, ils
ne laisseraient piller aucuns marchés dans Persépolis ou ailleurs. Il les félicita d'être restés fidèles
à la religion, sans laquelle toute société, leur
dit-il, est dissoute ; il leur recommanda de ne jamais abandonner le culte majestueux de leurs ancêtres, qui étaient bien aussi éclairés que l'assemblée persépolienne ; d'assister aux funérailles de
leurs parens et amis ; de veiller à ce qu'on ne vio-
lât pas les tombeaux, ne brisât pas les cercueils,
pendant la nuit, pour s'emparer du linceul, des
planches et des clous qui appartenaient aux défunts ; il les engagea à respecter les mages vertueux, et à abandonner les autres à leurs remords,
assez cruels, assez déchirans, sans qu'on fût obligé
de renfermer ces gens-là à perpétuité, ou de
les noyer ; chose qui d'ailleurs fait frémir, et
que la religion défend, sous tous les points ; mais
si quelque faux mage, ajouta-t-il, cherchait à
vous irriter, vous prêcher une doctrine contraire
à celle-ci, ne l'écoutez pas ; car, alors, ce n'est
plus un ministre de paix ; c'est un fripon, un im-
posteur, un *envoyé* de *Typhon* ou d'*Arimane.*

Ils se précipitèrent sur Babouc, l'embrassèrent,
en criant : *vive l'honnête homme !* et voulurent savoir son nom, afin de le faire émir, malgré lui.
Pauvre peuple ! s'écria Babouc, en versant des

larmes d'attendrissement, voilà comme, avec de belles phrases, on t'excroquera toujours les voix ! Tu ne sais pas ce qu'il en coûterait à l'émir probe qui oserait dire la vérité. Puis il s'échappa avec le Vieillard, du mieux qu'il pût, pour s'en aller au Palais-Sophial, écouter un instant les propos des cafés, voir les figures des mouchards, et ce que chantaient les gazettes ce jour-là; mais comme il avait à-peu-près tout vu, tout observé, il crut devoir fixer sa présentation au palais des cinq satrapes, pour la huitaine prochaine, à l'heure ordinaire ou extraordinaire des ambassadeurs.

*   *   *   *   *

Il fallait que quelque chose eût transpiré, que *l'envoyé* d'Ituriel eût été reconnu ; car, aussitôt que Babouc parut, tous les autres ambassadeurs lui cédèrent le pas, en lui témoignant combien toute l'Asie était pénétrée des soins qu'il voulait bien prendre pour tâcher de ramener la Perse à la raison ; et, de ce moment, chacun déclara ne devoir plus traiter qu'avec son excellence.— Babouc leur représenta qu'il serait au désespoir que la chose publique persanne reçût, par rapport à lui, le plus léger affront; qu'il n'était qu'un simple Scythe, et pas davantage ! A la fin, ils furent obligés d'accorder un peu de silence dans la salle, pour laisser parler quelques petites choses publiques *cispersannes* et *transpersannes* qui venaient tout exprès, disaient-elles, saluer la grande chose publique, et lui demander protection, affiliation et amitié. Les réponses à tout cela enchantèrent Babouc, qui, de tout temps, comme on sait, avait été idolâtre des choses publiques.

Le sophi de quartier adressa de source à Babouc un de ces discours, comme on n'en avait point vu, pour la précision, le style et la force : après quoi, il lui donna l'accolade avec une grâce et une fraternité toute particulière. Ensuite, au nom de la chose publique persanne, il proposa, sans façon, sans cérémonie, seulement pour lier connaissance, une petite fête, qui ne coûterait pas au peuple trois ou quatre cent mille scudis, tout compris ; mais Babouc qui ne perdait jamais la tête, fit sentir au sophi qu'il existait des rentiers qu'il fallait payer ; et l'autre, en satrape d'esprit, laissa tomber la chose. Il venait de faire une politesse, une honnêteté, laquelle n'étant point acceptée, ne ruinait personne, et c'est tout ce qu'on pouvait demander de plus heureux.

Le sophi, en retroussant et détroussant sa belle robe, comme pour se donner plus de dignité, parla un peu de la Scythie, de l'ange Ituriel, du *tiers* sorti, et de *l'autre* déjà nommé pour le remplacer ; du cinquième *satrape* qu'on venait d'élire, qui allait arriver, et qui jouissait de l'estime générale de toutes les nations de l'Asie, en dépit de *Merlinès*, qui regardait cela intérieurement comme la raison la plus forte pour être suspect à tous les vrais *canaillo-crates* ; mais il ajouta que *Merlinès*, tout expert qu'il était, dans l'art de se connaître en *suspects*, et de bien découvrir un *embauchage*, pouvait, dans cette occasion-ci, très-bien se tromper ; qu'au reste, le changement de satrape pourrait bien lui causer une furieuse perte. Il parla de la mort de la grande impératrice, de celle du grand *Lama*, qui serait apportée au premier jour, par quelque courrier, et de toutes les têtes couronnées, que l'*impitoyable*, avec sa *faux*, n'épargnait pas plus que les cinq *satrapes*, devenus aujourd'hui les plus puissans monarques de la Perse (à cause de la chose publique persanne), en citant : *pallida mors æquo pede pulsat*, etc. Puis, il pria l'*envoyé* de passer dans l'intérieur du cabinet, où se tint une audience secrète, qui dura six mortelles heures, et pendant lesquelles on ne prit qu'un bouillon.

L'essaim d'oisifs qui voltigeait sans cesse autour du palais, aurait bien voulu savoir déjà le résultat de la conférence. En attendant, ils s'amusèrent à faire cent conjectures, qui se répandirent comme un éclair dans tout Persépolis. On assurait que le Scythe Babouc venait d'arriver en Perse, à l'effet de faire signer une paix générale. Les incrédules, qui ne croyaient point encore à la paix, et qui avaient peut-être des intérêts directement opposés à la paix, affirmaient, de leur côté, que la guerre

était rallumée plus-que jamais ; que la chose publique persanne allait encore avoir sur les bras un
ennemi de plus, et que c'était tant mieux ; qu'il
fallait se dépêcher bien vîte de lever une quinzième armée, afin d'attaquer l'ange Ituriel à l'im-
proviste ; et que la paix, de cette affaire là, était
dans le ciel.

Un gros Persan, nommé *Saint-Hurugès*, qui
savait tout, accourut en sueur colporter cette nouvelle dans tous les cafés du Palais-Sophial, en donnant à entendre qu'il pourrait être nommé général
en chef de l'expédition. Il fut l'auteur, avec sa
maudite nouvelle, d'une baisse prodigieuse dans les
actions, vu cette quinzième armée qu'il faudrait
peut-être lever.

Le soir, on cria par-tout l'arrivée et le message
du Scythe Babouc. Les bons journaux, les journaux
honnêtes, parlèrent de lui d'une manière très-flat-
teuse ; et les mauvais, au contraire, tentèrent de le
déchirer, en répandant, *malicieusement*, qu'il était
envoyé et payé par les puissances étrangères, savoir,
Pittès et *Cobourgtès* ; mais ils furent hués généralement : l'ami du peuple sur-tout fut obligé de
rentrer dans son bourbier ; et si Babouc n'eût
pas parlé un peu au peuple, il est probable que
l'ami aurait été lanterné. Il crut lancer une terrible injure, en imprimant dans sa feuille, « qu'on
savait bien, depuis long-temps, que les *seigneurs*
magicrates, tous les *contre-tortionnaires* étaient des

Babouckistes, et que.....» On leva les épaules ; on rit, et tous les honnêtes gens de Persépolis furent appelés, pendant plus de huit jours, des *Babouckistes*; et par conséquent ce fut à qui serait *Babouckiste*.

Babouc sortit, pas trop mécontent de sa longue audience. Il vit que le palais, sans que cela paraisse, s'occupait de rémédier aux malheurs de la Perse, et que si la Perse était obligée d'attendre si long-temps, il ne fallait s'en prendre qu'à tous les dessous de cartes multipliés à l'infini. Il espéra peut-être que de l'excès du mal, comme dit *Machiavelès*, devait nécessairement renaître le bien ; et c'était sur les lumières et la probité sur-tout du nouveau ministre *Barthelemios* qu'il compta le plus ; parce que ce ministre avait son existence bien avant la révolution ; que toute l'Asie, l'aimait, l'estimait ; qu'il était le digne neveu du jeune *Anacharsis*, et que l'on pouvait dire hardiment, à la barbe de tous les Persans, que ce n'était pas la place qui relevait l'homme ; mais l'homme qui *honorerait* la place. Au reste, Babouc ne répondit rien à toutes les questions que diverses personnes lui firent à sa sortie du palais, si, à l'instar des Tartares, les Persans remettraient un sophi, ou si la chose publique était réellement destinée à demeurer quelques milliers d'années en Perse, et si les rentiers, au bout du compte, seraient payés. Il aima mieux se taire, sans doute, que de donner de trop belles espérances.

Alors Babouc, pour tâcher de fléchir Ituriel, eut encore recours au stratagême de commander une statue fabriquée absolument avec les mêmes métaux que la première ; mais il voulut cette fois-ci, que le statuaire mît une couche d'argile sur tout son ouvrage, et que la tête, les bras, les jambes fussent prêts à tomber. Cinq petits génies tutélaires travaillaient à vouloir débarbouiller, faire sauter l'argile ; et, par-ci, par-là, on apercevait quelque chose briller : ils allaient rendre à la machine sa première solidité, par le moyen d'un seul ressort, qui correspondrait de la tête à tous les autres membres.

Mais avant de partir, Babouc partagea, ainsi qu'il se l'était promis, le reste de ses roupies doubles, de ses dariques et de ses diamans, entre les personnes de marque qu'on avait privées du nécessaire, les bons rentiers, les femmes honnêtes, et quelques indigens vertueux. Comme ils étaient presque tous instruits de l'objet de sa mission, ils le prièrent, le supplièrent de sauver encore une fois Persépolis, et d'épargner leur patrie ; tous les fripons, au contraire, vinrent en masse, pour le provoquer, et l'exciter à demander la destruction totale de la Perse. Babouc laissa à la police correctionnelle du pays, le soin de pincer, tôt ou tard, de tels coquins, et recommanda les braves gens aux bons émirs avec lesquels il avait soupé en loge égyptienne. Le Vieillard aurait bien voulu pouvoir le suivre en Scythie ; mais c'était impossible, à cause de *la liste* des *d:sparus*, et des sommes énormes qu'il en aurait coûté à la famille pour raccrocher la succession.

Chargé de la statue *tout à fait disloquée*, Babouc reprit la route des plaines de Sennaar, et après plusieurs journées de marche, il se présenta tout pensif, devant Ituriel, dont le conseil venait d'être exprès assemblé.

Ou cette statue, dit Babouc, doit tomber demain en ruine, ou reprendre toute sa solidité ; dans l'un ou l'autre cas, voudrez-vous la briser ? L'ange entendit parfaitement bience que cela signifiait ; il se fit lire, par plusieurs génies, le rapport qu'on lui présentait ; et Persépolis, malgré la prophétie de l'ex-mage *Isnardès*, ne fut pas encore détruite, du moins ce jour-là.

Le conseil disparut soudain, comme il avait déjà fait, et Babouc se retrouva, fort heureusement, dans sa demeure, sur le rivage de l'Oxus.

Fin de la seconde et dernière partie.

De l'Imprimerie de DESENNE, rue des Moulins, N°. 546.

www.ingramcontent.com/pod-product-compliance
Ingram Content Group UK Ltd.
Pitfield, Milton Keynes, MK11 3LW, UK
UKHW051841140726
13696UKWH00007B/339